银企关系与现金流操控

王婉婷／著

立信会计出版社
LIXIN ACCOUNTING PUBLISHING HOUSE

图书在版编目(CIP)数据

银企关系与现金流操控 / 王婉婷著. —上海：立信会计出版社，2022.12
ISBN 978-7-5429-7029-9

Ⅰ. ①银… Ⅱ. ①王… Ⅲ. ①银行-关系-企业-研究-中国②企业管理-现金管理-研究-中国 Ⅳ. ①F832.2②F279.235.1

中国版本图书馆 CIP 数据核字(2022)第 248214 号

策划编辑　方士华　孙　勇
责任编辑　孙　勇
美术编辑　吴博闻

银企关系与现金流操控
YIN-QI GUANXI YU XIANJINLIU CAOKONG

出版发行	立信会计出版社	
地　　址	上海市中山西路 2230 号	邮政编码　200235
电　　话	(021)64411389	传　　真　(021)64411325
网　　址	www.lixinaph.com	电子邮箱　lixinaph2019@126.com
网上书店	http://lixin.jd.com	http://lxkjcbs.tmall.com
经　　销	各地新华书店	

印　　刷	江苏凤凰数码印务有限公司	
开　　本	710 毫米×1000 毫米	1/16
印　　张	11.25	插　页　1
字　　数	208 千字	
版　　次	2022 年 12 月第 1 版	
印　　次	2022 年 12 月第 1 次	
书　　号	ISBN 978-7-5429-7029-9/F	
定　　价	59.00 元	

序

  合理持有现金和保障现金顺畅流动对现代企业实现持续高质量发展非常重要,现金流操控也因此成为现代企业财务造假的重要手段。企业实施现金流操控往往需要一定的条件。随着我国商业银行商业化、公司化改革的深入推进,一方面,银行经营效率得到了显著提高;另一方面,一些银行为了自身利益,开始怠于履行应尽的社会责任,甚至不遵守应有的职业道德,银企关系出现了异化,少数银行甚至沦为企业现金流操控的帮手。因此,监管部门要有效遏制企业现金流操控问题,就需要深入研究银企关系及其发展变化对企业现金流操控的影响及其机理。2019年,康美公司和康得新公司财务欺诈案爆发后,王婉婷博士深入分析这两家公司财务欺诈特点,敏锐地发现了现金流操控的特征,以及银企关系在其中的特殊作用,遂以"银企关系与现金流操控"为其博士学位论文选题,进行深入研究,形成了较高质量的博士学位论文。她的博士学位论文得到了外审专家的一致好评,被评为山西财经大学优秀博士学位论文并被推荐参评山西省优秀博士学位论文。本书正是她在其博士论文基础上修改而成的。

  本书具有如下显著的优点:第一,内容新颖。在我阅读过的相关文献中,本书可能是第一本全面深入研究银企关系对企业现金流操控的影响及其机理,以及公司治理、宏观经济形势在其中产生的作用的著作,具有一定的开创意义。第二,研究严谨。本书无论是对银企关系的分类,对三种银企关系及其叠加对企业现金流操控的影响及机理的理论分析,还是研究设计与实证检验,以及行文格式和语言表达,都比较严谨和规范,得出了较为可靠的研究结论,显示了作者良好的学术功底,为深入研究相关问题奠定了良好的基础。第三,政策建议提炼充分。作者根据研究得出的结论,密切联系我国企业和银行治理与管理实际,以及宏观经济形势,比较充分地提炼了研究结论的政策意义,提出了比较新颖且切实有效的优化银企关系、遏制企业现金流操控,进而提高企业会计信息质量的政策建议,对企业、银行以及政府监管机关加强现金流操控的治理和监管具有良好的借鉴意义。因此,本人非常高兴作序推介。

  王婉婷从2015年起跟随我攻读硕士学位,并于2018年获得硕博连读资格。

6年来,她学习自觉、认真、刻苦,做事周到、细致、严谨,为人谦虚、热情、厚道。她撰写的学术论文多次在国内学术会议上获奖,已在《审计研究》等学术期刊发表论文5篇,主持并高质量完成了山西省研究生教育创新项目。她在参与我主持的国家自然科学基金面上项目和省软科学项目的申报与研究中也表现优异。同时,她多次获得"校优秀研究生""校优秀研究生干部""校优秀毕业生"等称号。值此王婉婷博士学位论文出版之际,特向她表示祝贺,也希望她再接再厉,在今后的理论研究和教学工作上有更多、更大的进步与收获。

吴秋生

2022 年 10 月

前　言

随着信息化时代的到来,企业面临的内外部环境变化越来越快,风险越来越高,持有现金和现金流动顺畅对企业实现持续高质量发展日益重要。为此,自2020年3月起施行的《中华人民共和国证券法》(2019年修订)将企业IPO的要求"具有持续盈利能力",修改为"具有持续经营能力",进一步凸显了以现金流为基础的持续经营能力的重要性。虽然,相比于会计盈余,公司的现金流较少受到会计人员职业判断的影响,具有较高的可靠性,但是随着现金流重要性的日益提高,越来越多的公司通过各种手段虚增其现金流报告值,进行现金流操控。企业现金流操控的实现,可能需要得到开户银行的默许甚至协助。随着我国银行商业化、公司化改革的深入推进,商业银行在优化资源配置、促进经济发展中的作用得到越来越充分的发挥,但同时银行间的竞争也不断加剧,导致一些银行或其分支机构为了自身利益,放弃应尽的社会责任,甚至失去应有的职业道德,成为企业现金流操控的帮手。因此,深入研究银企关系对企业现金流操控的影响及其机理,对于有效遏制企业现金流操控、促进企业高质量发展,规范银企关系、优化金融市场,以及促进我国银行业和国民经济持续高质量发展,都具有十分重要的意义。

基于此,本书选取2008—2019年A股上市企业为研究样本,以交易成本理论、信息不对称理论、融资约束理论、社会资本理论和委托代理理论为核心指导理论,结合信贷寻租理论,分析论证银企信贷关系强度对现金流操控的影响;依据产融结合理论,分析论证银企股权关系强度对现金流操控的影响;依据信贷寻租理论,分析论证银企高管关系强度对现金流操控的影响。最后,综合运用上述理论,检验各维度银企关系叠加时,即银企信贷关系和高管关系叠加,银企信贷关系和股权关系叠加,以及银企信贷关系、银企股权关系和高管关系叠加对现金流操控的影响。在此基础上,进一步基于公司治理和宏观经济形势分组检验上述关系的主要影响机理。

研究发现:①银企信贷关系强度与现金流操控显著正相关,国有股权性质、董事长与总经理两职分离、赋予高管较高薪酬、经济政策不确定性较低、货币政策紧缩等条件能够有效弱化两者关系;②银行持股企业强度、企业持股银行强度与现金流操控均显著负相关,国有股权性质、董事长与总经理两职分离、赋予高管较低薪酬、经济政策不确定性较低和货币政策紧缩等条件,能够有效增强银行持股企业强度对现金流操控的抑制作用,国有股权性质、董事长与总经理两职分离、赋予高管较高薪酬、经济政策不确定性较低和货币政策宽松等条件,能够有效增强企业持股银行强度对现金流操控的抑制作用;③银企高管关系强度与现金流操控显著正相关,非国有股权性质、赋予高管较低薪酬、货币政策宽松等条件,能够有效弱化两者关系,董事长兼任总经理与经济政策不确定性对两者关系的作用并不明显;④银企信贷关系和银企高管关系叠加与现金流操控显著正相关,国有股权性质、董事长兼任总经理、赋予高管较低薪酬、经济政策不确定性较低和货币政策紧缩等条件,能够有效弱化两者关系;银企信贷关系和银企股权关系叠加与现金流操控显著负相关,非国有股权性质、董事长与总经理两职分离、赋予高管较低薪酬、经济政策不确定性较高和货币政策宽松等条件,能够有效强化两者关系;银企信贷关系、银企股权关系和银企高管关系叠加与现金流操控负相关但不显著,国有股权性质、董事长与总经理两职分离、赋予高管较低薪酬、经济政策不确定性较低和货币政策宽松等条件,能够强化两者负相关关系。

本书的主要理论创新在于:①从银企关系这一全新的视角,研究企业现金流操控实现的重要条件机制,在企业现金流操控形成机制的研究方面是一种创新,拓展了银企关系经济后果的研究领域;②从银企信贷关系、银企股权关系、银企高管关系,以及其叠加关系这一新的深度,研究银企关系的经济后果,拓宽了银企关系研究的视野,深化了人们关于银企关系对现金流操控影响机理的认识;③全面揭示了不同公司治理情境与宏观经济形势对银企关系与现金流操控关系的作用机制,为本书研究结论的有效应用提供了重要基础。

本书的主要实践意义在于:①有助于投资者根据企业的银企关系状况及其所处的内外部环境,全面分析企业现金流操控的可能性,提高理性投资决策能力;②有助于监管方制定规范银企关系以遏制现金流操控的制度文件,明确监管的重点和路径,切实保护中小投资者利益;③有利于企业有效识别银企关系的风险点,健全相关公司治理机制和内部控制机制,防范现金流舞弊行为,提高企业会计信息质量;④有利于商业银行有效识别银企关系的风险点,健全相关公司治理机制和内部控制机制,合理发展银企关系,切实履行对企业进行治理的社会责任。

目　　录

第1章 绪 论

1.1 选题背景与研究意义

1.1.1 选题背景

上市公司是资本市场的活动主体。2020年3月,修订后的《中华人民共和国证券法》(以下简称新《证券法》)正式施行,为我国全面深化证券市场改革落实落地,有效防控市场风险,提高上市公司质量,切实维护投资者合法权益,促进证券市场服务实体经济功能发挥,打造一个规范、透明、开放、有活力、有韧性的资本市场,提供了坚强的法治保障。新《证券法》明确要求全面推行注册制,将公司公开发行股票"应当具有持续盈利能力"的要求,改为"具有持续经营能力",这一修改将促使企业不再盲目追求代表盈利能力的财务指标数据。2020年10月,国务院印发《关于进一步提高上市公司质量的意见》(以下简称《意见》),以应对在我国上市公司数量显著增长,以及新冠肺炎疫情冲击的情形下,出现的上市公司经营和治理不规范、发展质量不高等问题。《意见》要求"提高上市公司治理水平""推动上市公司做优做强""健全上市公司退出机制""解决上市公司突出问题""提高上市公司及相关主体违法违规成本"和"形成提高上市公司质量的工作合力"。新《证券法》和《意见》的颁发实施都对上市公司质量提出了更高的要求,现金流运营能力是公司质量的重要体现。

现金流对现代企业发展越来越重要。在1997年的亚洲金融危机中,现金流状况较为优良的公司多数存活了下来。2001年的美国安然公司收入较高,但现金流却未达到与之相匹配的程度,因此,出现债务危机时,公司很快陷入濒临破产的局面。

现金流信息也是更加真实可靠和价值相关的信息。加工现金流信息的过程需要的会计人员主观判断较少,因而现金流信息真实性和可靠性更强,普遍被认为能够更准确、相关地反映公司的"偿债能力和财务弹性"。同时,信息使用者和研究者认为其与企业价值具有更强的相关性（Ali，1994；Barth 等，1999；Graham 等，2005）[1-3]，可用于衡量企业绩效和确定经理报酬（Aboody 和 Kasznik，2000；赵春光，2004；Nwaeze，2006）[4-6]，对企业未来盈余具有更强的预测性（Dechow 等，1998；张国清，2007）[7-8]。

鉴于现金流信息的这些特征，日常经济活动中涉及的各类文件、条款中常常出现现金流的身影，如融资契约、报酬计划、绩效考评指标等，会计信息使用者在决策、判断中对现金流信息越来越依赖（张俊瑞等，2007）[9]。

但是，关于现金流量的会计处理也存在一些可操控的领域。会计准则对现金流量在经营、融资及投资活动方面的界定较为模糊，这为企业多计经营活动现金流量提供了空间（王啸，2004）[10]。出于再融资（张俊瑞等，2008）[11]、迎合分析师（王蓉蓉，2013）[12]、增加高管薪酬（郭慧婷等，2015）[13]、美化业绩（李世新和陈艳英，2015）[14]等动机，企业很可能进行现金流操控。伦敦咨询集团 REL 曾基于美国企业进行问卷调查，结果显示，在财务年度的第四季度，公司的非现金净营运资本数值会大幅度降低，但在年报送出后的第一季度回转，且这类情形普遍出现在各类行业中。自 20 世纪末以来，我国的一些上市公司，如蓝田股份、科龙电器、康美药业等，都曾被揭露出严重的现金流操控问题。2003 年，科龙电器的现金流量表中，"借款收到现金"被少计 30.255 亿元，"偿还债务所支付的现金"被少计 21.36 亿元，且"经营活动产生的现金流量金额"被多计 8.897 亿元。2019 年，康美药业"蒸发"300 亿元现金，据证监会《行政处罚及市场禁入事先告知书》，ST 康美存在虚假记载，虚增货币资金的情形。这种行为会降低企业盈余持续性（张俊瑞等，2011）[15]，美化企业当期业绩，损害企业未来业绩（郭慧婷等，2014）[16]，严重误导会计信息使用者的判断，大大损害投资者利益，扰乱市场健康良好的秩序。

由此可见，企业多通过运用会计判断，结合一定的理财策略、营销手段或财务技巧，或者利用控制权和现金流量权分离，运用股利分配政策和再融资政策，开展 MBO 等公司资本运营手段进行现金流操控（尹彦力和刘名旭，2010）[17]。

随着我国银行商业化、公司化改革的深入推进，商业银行在优化资源配置、促进经济发展中的作用得到越来越充分的释放，但同时银行间的竞争也加剧了，导致了一些银行或其分支机构，为了自身利益，放弃应尽的社会责任，甚至失去应有的职业道德，成为企业现金流操控的帮手。证监会稽查局副局长孙金亮在"2020 中国上市公司论坛"上表示：个别金融机构在为上市公司提供存贷及相关业务的过程中，不仅不提供准确的信息，而且为财务舞弊提供便利。华仪电气伙同开户银行，通过伪造银行对账单、蓄意隐瞒并违规占用 2018 年、2019 年度募集资金。康得集团与北京银行西单支行签订了《现金管理服务协议》，对康得新资金进行非经营性占用,导致康得新虽然账面上有货币资金153.16亿元,却无法用于兑付10亿元的债券。可见,现代银企关系已经变得不再单纯,过去那种银企关系的密切能够使企业拥有更低的融资成本(Ciamarra,2012)[18]、获得更多银行贷款(Booth和Deli,1999;陈仕华和马超,2013)[19-20]、接受债权监督的局面正在改变。现实经济活动中,银行既会基于企业信贷融资的迫切要求,对借款企业提出不合理要求、实施捆绑销售、收取额外费用,增加企业信贷融资成本,也会通过变相提高利率,甚至协助企业通过现金流操控等手段招徕客户。因此,我们有必要就当前情形下的银企关系与企业现金流操控问题进行深入研究,以规范银企关系,遏制企业现金流操控。

银企关系功能的异化源于银企关系随外部环境变化而变得复杂化和多样化。早期银企关系多为简单的借贷关系,寻求银行借款的主要为商业贸易类企业,银行信贷流通速度较快,这种银企关系持续时间并不长久。制造业的迅速壮大使企业迫切需要大量资本,无法仅仅依靠内部融资实现资产的更新和扩张,随着银行业规模的日益扩大,银行和企业的资本逐步相互渗透,银行可以向企业委派高管,在银企之间出现了股权关系和高管关系。1929—1933年世界经济危机之后,世界各国开始对经济实施宏观调控,银企关系在各国呈现不同的特征,构建银企股权关系和高管关系面临的限制减少,银企相互持股的门槛降低,企业从被动接受银行委派高管转变为自主招聘有银行背景的高管。可以看出,银企信贷关系是最为基础和广泛的一种银企关系,银企之间的股权关系和高管关系均由此衍生而来,事实上,企业与银行的关系很可能出现叠加,即两者之间既存在基础的信贷关系,也存在股权关系或高管关系这类衍生关系。基于上述梳理,本书提出的研究问题如下:最基础的银企信贷关系如何基于业务影响企业的现金流操控?随之而来的银企股权关系如何基于产权对企业的现金流操控发挥作用?银企高管关系将如何从企业决策层的视角影响现金流操控?银企关系叠加产生的综合作用会对现金流操控产生什么样的影响?

揭示银企关系在企业现金流操控中的角色和影响机理需要结合银企所处的具体环境。就内部环境而言,股东(大)会、董事会、监事会和经理层等治理主体之间的权责配置和相互制衡安排共同构成了公司内部治理(李维安等,2019)[21]。现金流操控的本质是经理层与所有者之间的委托代理问题,公司治理结构的差异影响着公司治理水平,良好的公司治理水平有利于降低代理成本,提高公司治理效率,推动公司良性发展。就外部环境而言,企业和银行均容易受到宏观经济形势的影响,既需要应对由宏观经济政策变化带来的不确定性,也要积极响应政府的各项宏观调控政策。因而外部环境影响银行和企业的决策行为,对现金流操控发挥作用。基于上述分析,本书提出进一步的研究问题:公司治理和宏观经济形势会如何影响银企关系对现金流操控的作用?

1.1.2 研究意义

1. 理论意义

第一，从银企关系这一全新的视角研究企业现金流操控实现的重要条件与机制，既是对企业现金流操控形成机制研究的创新，又拓展了关于银企关系经济后果的研究领域。

本书的研究不同于以往文献，以往文献主要探讨银行对企业的监督作用，较少关注银行对企业监督弱化的现象。本书着眼于对银行串通企业进行现金流舞弊的现象的研究，全面分析论证了银企关系对现金流操控的影响，能够丰富银企关系经济后果和现金流操控影响因素的研究文献。

第二，研究各种银企关系及其叠加关系对企业现金流操控形成的影响，拓宽了银企关系研究的视野，提高了关于银企关系对企业现金流操控影响的研究深度。

本书将银企关系全面系统地划分为银企信贷关系、股权关系、高管关系及这几种关系的叠加。叠加关系是指基础关系与衍生关系的叠加，基于现实经济活动，界定银企基础关系为信贷关系，衍生关系为股权关系与高管关系。本书以此界定为基础，全面论证了银企关系对现金流操控的影响，完善和深化了银企关系和现金流操控的治理研究，探明了现金流操控过程中银企关系的叠加作用，为研究银企关系中公司治理发挥的作用贡献了新的视角。

第三，从公司治理和宏观经济形势层面研究外部环境在银企关系对现金流操控影响中的作用，深化了不同情境下银企关系对现金流操控影响的认识。

本书在检验银企关系对现金流操控影响的基础上，进一步探索了公司治理情境和宏观经济形势的作用，较为全面地分析了银企关系对现金流操控的影响在不同情境下的变化，明确了公司治理和宏观经济形势产生的作用，发现了银企关系影响现金流操控的深层次机理。

2. 实践意义

第一，有助于投资者根据公司银企关系状况及其所处的内外部环境，全面分析企业操控现金流的可能性，提高理性投资决策能力。

本书的研究能够为投资者从银企关系视角评判企业现金流操控的可能性提供理论借鉴，有助于投资者基于企业公司治理结构和所处宏观经济形势分析银企关系与可能的现金流操控的变化，据此准确判断企业的真实经营状况和盈利能力，提高投资决策效率，保护投资者利益。

第二，有助于监管方制定规范银企关系以遏制现金流操控的制度，明确监管的重点和路径，切实保护中小投资者利益。

本书的研究能够为监管方从银企关系层面制约企业现金流操控行为提供全面深入的理论指导,有助于监管方从企业公司治理结构和宏观经济形势角度明确监管重点,更有针对性地出台相应规章制度,遏制银企关系密切引发的不良后果,保护中小投资者利益,降低监管成本,提高监管效率。

第三,有利于企业有效识别银企关系中的风险点,健全相关公司治理机制和内部控制机制,防范现金流舞弊行为,提高企业会计信息质量。

本书的研究能够促使企业关注银企关系建立与维系过程中的投机行为及其引发的风险,健全和完善相关公司治理机制和内部控制机制,有效抑制银企关系对现金流操控的强化作用,有力地打击企业的现金流舞弊行为,优化企业财务报表编制流程,提高企业会计信息质量。

第四,有利于商业银行有效识别银企关系中的风险点,监督企业健全相关公司治理机制和内部控制机制,合理发展银企关系,切实履行对企业进行监督的社会责任。

本书的研究能够促使商业银行关注银企关系在建立与维系过程中规则与机制的漏洞,有助于商业银行发现自身治理缺陷,从而完善内部公司治理机制和内部控制机制,构建健康的银企关系,充分发挥商业银行对企业的债权治理与股权治理作用。

1.2 核心概念界定

1.2.1 银企关系

1. 银企关系的含义

银企关系是指银行与企业之间的关系。银行是指政策性银行、商业银行、城市商业银行、城市或农村信用社等银行金融机构。企业是指工商企业。银行和企业之间形成的借贷关系、中介关系等契约关系(Berger 和 Udell,1995;罗付岩,2019)[22-23]属于狭义范畴的银企关系。银行与企业之间的日常业务结算关系、信贷合同关系(Berger 和 Udell,1995;罗付岩,2019)[22-23]、股份关联(Lu 等,2012;林钟高和金迪,2019)[24-25]、社会组织关系、信任关系(唐莹和邓超,2017)[26]、高管关系(李文贵,2016)[27]等,属于广义范畴的银企关系。

银行与企业最初是通过日常结算、签订贷款合同、开展中介业务等缔结信用契约关系的。随着经济的发展和政策的变化,银行与企业可以相互交叉持股,便产生了银企股权关系。现代企业制度的完善,以及银企股权相互渗透导致的人员委派,促使企业内部出现了具有银行背景的高管,银行与企业基于高管搭建的联系也逐渐普遍。可见,银企信贷关系最为普遍,出现时间最早,是最传统的银企关系,银企股权关系与高管关系皆是衍生出来的。

基于现实经济活动中银企关系表现形式的广泛程度、已有相关研究的深入程度，本书将银企关系界定为银企信贷关系、银企股权关系、银企高管关系以及叠加关系。其中，叠加关系的界定逻辑为①，银企信贷关系为银企基础关系，银企股权关系与银企高管关系为银企衍生关系。为了检验基础关系与衍生关系的共同作用，本书定义叠加关系为银企信贷关系和高管关系叠加，银企信贷关系和股权关系叠加，银企信贷关系、股权关系和高管关系叠加。银企信贷关系以银行与企业构建贷款契约表示，银企股权关系以银行持股企业（银行参控股企业）和企业持股银行（企业参控股银行）表示，银企高管关系以企业聘请曾经或现在担任银行职位的高管表示，高管为董事长、总经理、董事、监事等。

2. 银企关系的测度

对于银企关系，从数据获得便利性及使用广泛程度来看，目前的研究主要基于银企信贷关系、股权关系及高管关系对其进行测度。已有关于银企信贷关系的研究多数是通过企业在银行贷款的金额（数量）或规模的大小、期限的长短，及贷款银行的数量度量（Diamond，1984、1991；Berger 和 Udell，1995；Houston 等，2001；黄纯纯，2003；张杰等，2007；Uchida 等，2008；何韧和王维诚，2009；Dass 等，2011；何韧等，2012；罗付岩，2013、2019)[28-29, 22, 30-37, 23]，也有学者以企业与银行分支机构的距离度量银企信贷关系强弱(Cotugno 等，2013)[38]，还有学者构建多个银企关系指标来检验银企关系中的"套牢"问题（Rheinbaben 和 Ruckes，2004；Farinha 等，2002；Neuberger 等，2006；Yu 等，2012)[39-42]，通过构建模型计算超额贷款成本来度量银企关系(张耀伟等，2017)[43]。

银企股权关系的度量指标大多是银行与企业是否相互持股、银行持有企业股权的比例或企业持有银行股权的比例、银行股东数量、企业参股控股银行数量度量（王善平和李志军，2011；祝继高，2012；Lu 等，2012；林钟高和金迪，2019)[44-45, 24-25]。

此外，对银企关系还可以基于高管视角度量，通过企业聘请曾经或现在在银行工作的人员担任公司的高管或董事的相关数据来测度银企间人事的亲密程度(Booth 等，1999；杜颖洁和杜兴强，2013；李文贵和邵毅平，2016)[19, 46, 27]。

3. 银企关系的模式

1) 西方国家银企关系的模式

银企关系模式的划分可从政府管制、银企双方的所有权及控制权结构、银行监

---

① 下文的叠加关系均指银企信贷关系和高管关系叠加、银企信贷关系和股权关系叠加和银企信贷关系、股权关系和高管关系叠加，不再对其内涵进行解释。由于本书的银企叠加关系是银企基础关系与衍生关系的叠加，因此，对于银企股权关系和高管关系叠加未做分析与检验。

督作用和企业治理结构角度出发(宋栋和冷国邦,2000)[47]。从国际视野来看,银企关系模式主要为市场型、半市场-半企业型和企业型的银企关系(陈伟光,2004)[48]。

市场型的银企关系模式以美国为代表。在该模式下企业股票不允许被商业银行持有,投资银行、评估公司等专门机构发挥监督职能,尽管在大公司中经理层有较大自主权,但公司的最终控制权受制于股票市场(宋栋和冷国邦,2000)[47]。《格拉斯-斯蒂格尔法》和《金融服务现代化法案》通过后,较大的商业银行通过设立信托部,获得了大量企业股票的代表权,甚至控制了某些企业。以银行为金融核心的财团由于银行与工业资本的相互融合而诞生,资本和人事的相互结合在财团中衍生,银企关系转化为独立的、市场化的模式。

半市场-半企业型的银企关系模式以日本为代表,体现为主银行体制下的银企关系。第二次世界大战以后日本银企关系模式的特征主要有:企业能够从多家银行取得借款,银行可以持有企业股本。银行对企业的监督大多是委托主要融资银行进行;银行与主要客户可相互持股,但银行对持股企业的份额有限制,且银行无法代理投票;银行的公司治理作用有限,但当公司经营失败时,公司的控制权会自动转给银行;企业的事中监控功能被委托给主管银行。进入20世纪70年代后,激烈的世界竞争使银行开始减少高风险投资,主银行制度随着经济的发展不断受到冲击,目前这一体制已不再发挥中坚力量。

企业型银企关系模式以德国为代表。在该模式下,银行可以持有企业的股权,可以向企业派驻董事会成员,可以高度集中地加强对企业的全方位监督。这类银企关系下,银企之间的信贷交易是产权交易的衍生,少部分数量的大规模银行能够通过人事和行政控制企业。

以美国为代表的银企关系较为松散,银行竞争激烈,银企关系是典型的市场型,企业可以多渠道融资,融资成本可以依据企业绩效而变化。但是,在这种关系类型下,由于银企之间的信息不对称较为严重,银行无法有效监管企业,企业的间接融资成本被推高。紧密型银企关系以日本、德国为代表,在这类银企关系类型下,银行贷款是企业主要的外部资金来源,银企关系较为稳定长久,银行较充分地掌握企业信息(马宏,2007)[49],企业可以通过较低的信贷融资成本获取银行的资金支持,与之相对应,企业的经营风险必须由银行负责,风险扩大到一定的程度可能会出现金融危机(罗付岩,2015)[50]。

表1.1是西方国家银企关系模式汇总。

表 1.1　西方国家银企关系模式汇总

	模式	亲密度	模式特点
美国	市场型	松散型	市场化的信贷关系,银行对企业监管较弱;银行无法直接持股企业,但可通过设立信托部获得企业股票代表权;以银行为金融中心的财团内部存在资本和人事的结合
日本	半市场-半企业型	紧密型	信贷关系稳定,银行承担企业经营风险;银行可与主要客户企业相互持股,但对银行持股企业的份额有限制;银行对企业的监督基于相互委托;1992 年后主银行体制大大削弱
德国	企业型	紧密型	信贷关系稳定,银行承担企业经营风险;银行可持股企业;银行可向企业委派董事会成员;银行独立监督企业

2) 我国银企关系模式的演变

我国银企关系模式伴随着银行业 40 多年的改革而演变。1979 年,邓小平同志提出"要把银行作为发展经济、革新技术的杠杆,要把银行办成真正的银行",中国银行业体系的改革与建设自此开启。这也表明了,中国金融机构的改革就是要减少政府干预,提高金融机构的独立性(Qian,1994;赵昌文等,2009)[51-52]。总体上说,中国银行业改革是沿着"减少政府对银行业的干预、强化银行市场主体的独立地位"这条主线展开的。就发展历程而言,中国银行业经历了行政化、商业化、市场化与现代化四个阶段。下文将围绕上述四个阶段对中国银行业的改革历程进行回顾,以期提供一个我国银企关系模式演变的制度背景概貌。

(1) 行政化阶段。行政化阶段又分为"行政指令关系阶段"和"强行政+弱市场依附关系阶段"。"行政指令关系阶段"(1978—1983 年):在我国开始改革开放之前,我国只有一家国家银行,便是中国人民银行,它兼具了央行、政策性银行和商业银行的多种功能。此时,财政负责国有企业的资金需求,央行仅仅能够解决企业临时的资金周转问题。为了进一步优化中国人民银行的职能,1979—1983 年,中国分别成立了中国银行、中国农业银行、中国工商银行、中国建设银行,逐步形成以央行为核心,以四大国家专业银行为基础的中国银行体系。在此阶段,国有企业与银行均需要接受国家计划,自身并无太多自主权。

"强行政+弱市场依附关系阶段"(1984—1993 年):这一阶段主要是探索国有专业银行企业化改革道路。对于企业而言,随着"拨改贷"改革和专业银行的恢复建立,获取资金的方式由财政拨款变成了银行贷款,国有企业也产生了信贷融资成本。同时,市场竞争意识增强,国有银行与国有企业之间的关系增添了一部分市场化色彩。但这一阶段占据信贷主导地位的仍然是政府,依靠行政指令分配大部分信贷资金。

（2）商业化阶段（1994—2003 年）。在这一阶段，中国经济制度在党的十四大召开后，开始向社会主义市场经济体制转变。银行业正式开始了商业化改革，主要实施了以下举措：加强银行业监督管理，形成以国有银行为主、多种金融机构并存的组织体系，建立开放有序的市场体系，加强银行业法制建设。通过这些举措，国有企业与国有银行的关系中市场化色彩更浓，政府的干预作用被削弱，但这一阶段的改革仍不够深入，未触及最核心问题。

（3）市场化阶段（2004—2016 年）。中国银行业商业化改革后期，市场化改革方向的呼声不断，开启了银行业市场化改革的征程。2002 年年初的第二次全国金融工作会议确立了银行业改革的方向。2003 年 9 月，国有商业银行股份制改革由中共中央、国务院开始着手实施，特别是在 2003 年党的十六届三中全会后，中国银行业的市场化改革全面开启。在这一阶段，国有银行与国有企业的同质性使它们彼此间的债务关系仍然不够清晰，它们的关系仍然没有完全市场化，真正意义上的金融交易并未产生。

（4）现代化阶段（2017 至今）。在这一阶段，我国经济迈向高质量发展阶段，金融业需要及时转变改革重心，努力服务实体经济，采取措施降低发生系统性风险的概率。这一阶段中，银行业改革主要有两个方向：一是大力支持创新型企业，切实满足其资金需求，服务国家产业转型升级；二是完善银行的内控制度和公司治理，减少政府干预，增强市场竞争，构建新型银企关系，优化产融结合，提高银行信贷效率，降低信贷风险。

表 1.2 总结了我国银企关系的发展阶段及相应的银企关系特征。

表 1.2　我国银企关系发展阶段及相应的银企关系特征

发展阶段	年份	银企关系特征
行政化阶段	1978—1993 年	银行类似政府的下辖单位，信贷资金拨放基于行政指令
商业化阶段	1994—2003 年	银企关系的市场化性质加强，但改革仍未触及最本质问题
市场化阶段	2004—2016 年	银企关系仍未完全市场化，未产生真正意义的金融交易
现代化阶段	2017 年至今	银企关系构建呈现新格局，共同服务于经济高质量发展

1.2.2　现金流操控

1. 现金流操控的含义

现金流操控的概念源于盈余管理，张俊瑞等（2007）[11]对其进行了系统全面的概括，他们指出，可从会计学和财务学两个视角来分别阐述现金流操控：基于会计学视角,现金流操控是指公司高管出于融资和谋利等动机,通过会计判断、构造交易等手段,对现金流信息进行披露管理;基于财务学视角,现金流操控是指公司管理层通过股利分配、再融资等手段,在各自利益的推动下,与大股东和各利益相关者联手,操控公司的现金流,对公司中小股东进行利益协调及财富转移等行为。本书沿用张俊瑞等定义的现金流操控概念,并将其作为因变量进行检验。

2. 现金流操控的方式

企业可通过以下具体方式操控现金流(陈小伟和王啸,2004)[53]:一是将现金流在投资、筹资与经营活动间相互转移;二是运用理财策略改变现金流的发生时间;三是虚增主营业务收入,同时虚构和粉饰销售配合收入造假。这三类手法经常被配合使用。郭慧婷等(2014)[54]基于是否违规对现金流操控方式作了总结:管理者运用业务安排法、债权债务管理策略、关联交易粉饰、大量使用存货和减少采购、超额发放现金股利的手段对现金流进行操控是未违规行为,这主要是利用了会计准则的不完善和会计政策选择空间;违规操作体现为表内划分法和直接造假,其中表内划分法是将现金流在投资、筹资与经营活动间转移,直接造假是虚增收入、投资、利润、现金流、支付等科目,营造企业现金流充分、业绩良好的假象。

3. 现金流操控的测度

现有关于实际活动现金流操控的测度主要有存在性的测度和程度的测度。

1)现金流操控存在性的测度

诸多学者对现金流操控的存在性进行了研究,Aharony等(2000)[55]采用事件研究法,选用净利润指标,检验了现金流操控的存在性。也有学者运用现金流分布法检验现金流操控的存在性。吴联生等(2005)[56]运用盈余分布法,发现有5.67%的中国上市公司进行了现金流量管理,管理频率和幅度都随着时间的推进而显著增加。郭慧婷等(2010)[57]运用盈余分布法,发现现金流量"0点"是制造业和批发零售业现金流分布的阈值点。郭慧婷等(2011)[58]通过观测现金流分布,发现了管理层基于财务报告、超越往年现金流量及迎合分析师的现金流操控动机。

2)现金流操控程度的测度

方军雄(2004)[59]以"收益质量"和"剔除线下项目的经营活动收益质量"衡量现金流量,通过实证检验发现我国上市公司会为了迎合证券市场进行现金流操控。Frankel(2005)[60]基于现金流操控程度层面,发现企业的现金流数量在年末的季度较大,进而提出了现金流操控的存在性。陈理(2006)[61]通过分解现金流,发现我国上市公司报告的经营现金流受到了公司管理者的控制和操纵。

　　然而更多的学者是通过构建模型测度企业的现金流操控,现金流操控的度量模型经过了一系列的演化。Dechow 等(1998)[7]基于理论模型,认为与当期现金流量相比,盈余能够更好地预测企业未来现金流量。Barth 等(2001)[62]以 Dechow 的研究为基础,构建了新模型,发现与总盈余相比,综合现金流量和当期应计盈余能够更好地预测未来现金流量。Roychowdhury(2006)[63]借鉴了 Dechow 等(1998)[7]的研究,构建了企业正常经营活动产生的现金流函数。李彬等(2009)[64]的研究则以经营活动现金流量产生流程为基础。孟艳玲和张俊瑞(2010)[64]通过比较以上模型,发现李彬等(2009)[65]的模型解释能力优于其他模型。已有部分学者基于李彬等(2009)[64]的模型进行研究,如吴秋生和马文琪(2021)[66]运用该模型检验了应计盈余管理与现金流操控间的相互关系。鉴于本书试图研究银企关系对现金流操控程度的影响,故本书将运用李彬等(2009)[64]的模型衡量现金流操控程度。

　　表1.3 总结了常见的度量现金流操控的模型。

表 1.3　现金流操控模型比较①

作者	年份	模型
Dechow 等	1998 年	$CFO_{i,t}/A_{i,t-1}=\beta_0/A_{i,t-1}+\beta_1(CFO_{i,t-1}/A_{i,t-1})+\beta_2(\Delta AR_{i,t-1}/A_{i,t-1})+\beta_3(\Delta INV_{i,t-1}/A_{i,t-1})+\beta_4(\Delta AP_{i,t-1}/A_{i,t-1})+\beta_5(DEPR_{i,t-1}/A_{i,t-1})+\beta_6(AMORT_{i,t-1}/A_{i,t-1})+\beta_7(OTHER_{i,t-1}/A_{i,t-1})+\varepsilon_{i,t}$
Barth 等	2001 年	$CFO_{i,t}/A_{i,t-1}=\beta_0/A_{i,t-1}+\beta_1(EARN_{i,t}/A_{i,t-1})+\beta_2(EARN_{i,t-1}/A_{i,t-1})+\beta_3(EARN_{i,t-2}/A_{i,t-1})+\beta_4(EARN_{i,t-3}/A_{i,t-1})+\beta_5(EARN_{i,t-4}/A_{i,t-1})+\varepsilon_{i,t}$
Roychowdhury	2006 年	$CFO_{i,t}/A_{i,t-1}=\beta_0/A_{i,t-1}+\beta_1(S_{i,t}/A_{i,t-1})+\beta_2(\Delta S_{i,t}/A_{i,t-1})+\varepsilon_{i,t}$
李彬、张俊瑞、郭慧婷	2009 年	$CFO_{i,t}/A_{i,t-1}=\beta_0/A_{i,t-1}+\beta_1(S_{i,t}/A_{i,t-1})+\beta_2(\Delta S_{i,t}/A_{i,t-1})+\beta_3(\Delta S_{i,t-1}/A_{i,t-1})+\beta_4(TC_{i,t}/A_{i,t-1})+\beta_5(EC_{i,t}/A_{i,t-1})+\beta_6(OC_{i,t}/A_{i,t-1})+\varepsilon_{i,t}$

① *CFO* 代表经营现金净流量;*S* 代表主营业务收入;*A* 代表总资产;*ΔAR* 代表应收账款的变化;*ΔINV* 代表存货的变化;*ΔAP* 代表应付账款的变化;*DEPR* 代表折旧费用;*AMORT* 代表摊销费用;*EARN* 代表营业利润;*OTHER*＝*EARN*－(*CFO*＋*ΔAR*＋*ΔINV*－*ΔAP*－*DEPR*－*AMORT*);*TC* 代表企业的各项税费支出;*EC* 代表支付给职工以及为职工支付的现金;*OC* 代表其他与经营活动有关的现金;各个模型均需要分年度分行业回归计算残差,异常经营现金净流量 *UFO* 为模型计算的残差。

1.3　研究目标与内容

1.3.1　研究目标

本书通过划分银企关系为银企信贷关系、银企股权关系、银企高管关系及叠加关系,研究银企关系对现金流操控的影响,以及不同公司治理情境及宏观经济形势下两者关系的变化,旨在明确银企关系对现金流操控的作用及影响机理,为打击银企串通舞弊行为,遏制企业现金流操控,提高企业会计信息质量,优化银企关系提供理论依据与经验证据。本书的主要银企目标如下。

(1) 基于现实经济活动和已有研究文献,全方位刻画银企关系为银企信贷关系、银企股权关系、银企高管关系及叠加关系,为本书的研究奠定基础,为提高银企关系研究的系统性提供理论依据与经验证据。

(2) 着眼于企业串通银行进行现金流舞弊的现象,检验银企信贷关系、银企股权关系、银企高管关系及叠加关系对现金流操控的影响,明确银企关系对现金流操控的单一作用和复合影响,为进一步推进银企关系的治理效应研究,引导治理层、监管方以及投资者全面科学地认识及判断银企关系对现金流操控的影响提供理论依据与经验证据。

(3) 明确银企关系在不同公司治理情境及宏观经济形势下对现金流操控的作用及影响机理,为治理层、监管方以及投资者有针对性地聚焦现金流舞弊易发区域,正确评判银企关系,促使企业完善公司治理结构和顺应宏观经济形势,提供理论依据与经验证据。

1.3.2　研究内容与章节安排

1. 研究内容

本书选取 2008—2019 年沪深 A 股企业为样本,研究银企关系,即银企信贷关系、银企股权关系、银企高管关系以及叠加关系对现金流操控的影响。

首先,以信息不对称理论、交易成本理论、融资约束理论、社会资本理论和委托代理理论为核心理论支撑,结合信贷寻租理论,分析论证银企信贷关系强度对现金流操控的影响,并进一步基于公司治理和宏观经济形势进行分组检验。

其次,以信息不对称理论、交易成本理论、融资约束理论、社会资本理论和委托代理理论为核心理论支撑,依据产融结合理论,分析论证银企股权关系强度对现金流操控的影响,即银行持股企业强度和企业持股银行强度对现金流操控的影响,并进一步基于公司治理和宏观经济形势进行分组检验。

再次，以信息不对称理论、交易成本理论、融资约束理论、社会资本理论和委托代理理论为核心理论支撑，依据信贷寻租理论，分析论证银企高管关系强度对现金流操控的影响，并进一步基于公司治理和宏观经济形势进行分组检验。

最后，以上述理论为指导，检验银企信贷关系和高管关系叠加、银企信贷关系和股权关系叠加，以及银企信贷关系、银企股权关系和银企高管关系叠加对现金流操控的影响，并进一步基于公司治理和宏观经济形势进行分组检验。

2. 章节安排

基于上述研究内容，本书遵循"问题提出—文献综述—理论基础与框架构建—实证检验—研究总结"的逻辑顺序展开研究，其中，第4章、第5章、第6章和第7章为本书的主要研究内容。各章节具体安排如下。

第1章，绪论。本章主要阐释选题背景与研究意义，界定银企关系和现金流操控的概念，概括研究目标、内容、研究思路与方法。同时，说明选择公司治理和宏观经济形势变量的原因，并详细论述主要的研究创新。

第2章，文献综述。本章从银企关系的经济后果和现金流操控的影响因素两个角度出发，详细梳理与本书研究主题相关的国内外研究现状，发现已有研究尚需完善和改进之处，论证本书研究的创新所在。

第3章，理论基础与研究框架。本章主要基于交易成本理论、信息不对称理论、融资约束理论、信贷寻租理论、产融结合理论和社会资本理论对银企关系的建立及发展进行理论解释。同时，运用委托代理理论解释银行发挥的债权治理和股权监督功能，及由于银行的公司治理问题引发的与企业间的寻租现象，并基于该理论分析现金流操控的动机。本章基于前文的基础概念界定，构建本书的研究框架。

第4章，银企信贷关系与现金流操控。本章采用固定效应模型检验银企信贷关系强度对现金操控的作用，并进一步分组检验公司治理和宏观经济形势因素对两者关系的影响。

第5章，银企股权关系与现金流操控。本章采用固定效应模型检验银行持股企业强度与企业持股银行强度对现金流操控的作用，并进一步分组检验公司治理和宏观经济形势因素对两者关系的影响。

第6章，银企高管关系与现金流操控。本章采用固定效应模型检验银企高管关系强度对现金操控的作用，并进一步分组检验公司治理和宏观经济形势因素对两者关系的影响。

第7章，银企关系叠加与现金流操控。本章采用固定效应模型检验银企关系叠加，即银企信贷关系和高管关系叠加，银企信贷关系和股权关系叠加，银企信贷、股权和高管关系叠加对现金流操控的作用，并进一步分组检验公司治理和宏观经济形势因素对两者关系的影响。

第8章,研究结论、建议与展望。本章在总结前文研究结论的基础上,提出完善上市公司治理机制、加强银行业监管等政策建议,并总结研究的局限性,对今后的研究进行展望。

本书各章内容安排如图1.1所示。

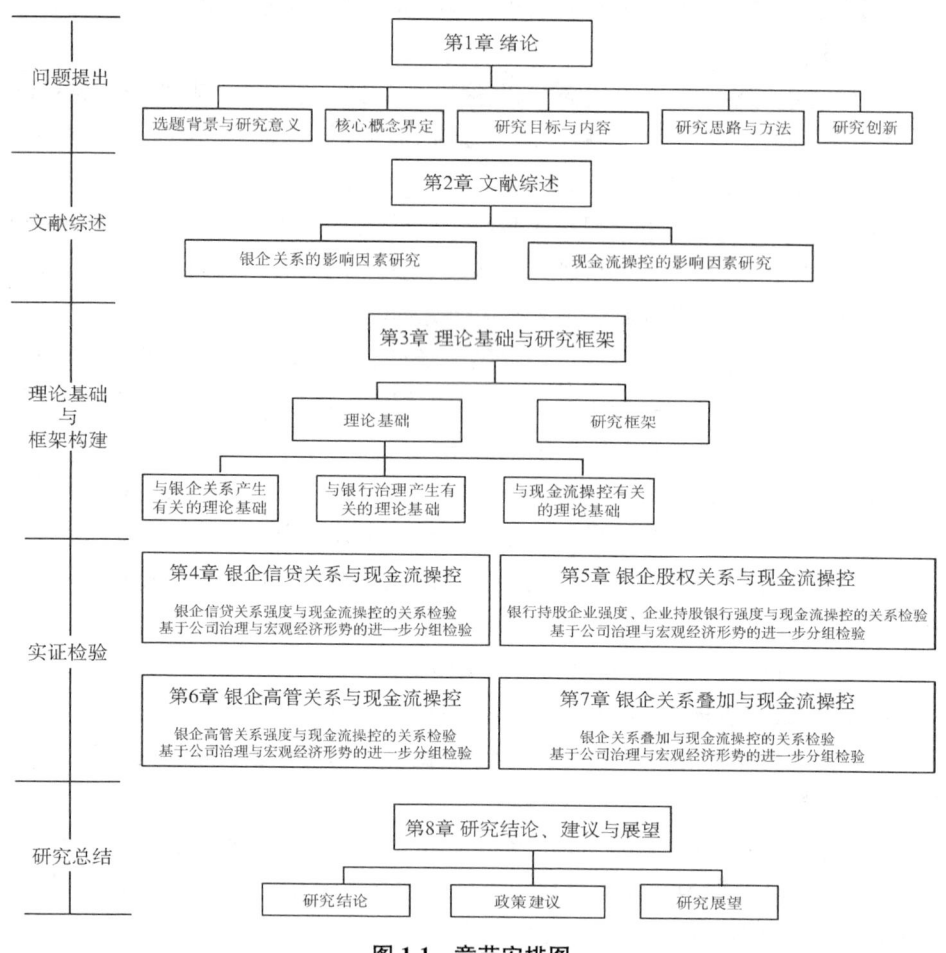

图1.1　章节安排图

1.4　研究思路与方法

1.4.1　研究思路

首先,本书基于银企关系的发展脉络,将银企关系划分为银企信贷关系、银企股权关系、银企高管关系及叠加关系,本书的银企叠加关系体现为银企信贷关系和高管关系叠加,银企信贷关系和股权关系叠加,银企信贷关系、股权关系和高管关系叠加。其次,本书基于交易成本理论、信息不对称理论、融资约束理论、信贷寻租理论、产融结合理论、社会资本理论和委托代理理论,分别检验银企信贷关系、银企股权关系、银企高管关系及叠加关系对现金流操控的影响。最后,本书借鉴已有文献并基于现实经济活动,检验银企关系对现金流操控的作用在公司治理和宏观经济形势因素出现差异时的变化。从股权性质、董事长兼任总经理和高管薪酬等角度考察公司治理对上述关系的作用;从经济政策不确定性和货币政策角度检验宏观经济形势对上述关系的作用。

本书选择公司治理和宏观经济形势指标的理由如下。

1. 公司治理衡量指标的选择原因

公司治理存在广义与狭义之分。李维安等(2019)[21]认为,狭义的公司治理是指公司的内部治理,是一种权责配置和相互制衡安排,产生于股东(大)会、董事会、监事会和经理层等组织边界内部的治理主体之间。广义的公司治理则是指,基于公司控制权和剩余索取权分配的一整套法律、文化和制度性安排(Blair,1995)[67]。本书需要检验银企关系在不同公司内部治理机制下对现金流操控的影响,因此,本书考虑的公司治理是指内部治理机制,包含股东大会、董事会、监事会及管理层。

从股东角度来看,公司治理的核心就是股东权利是否得到有效保障,股东及其组成的股东(大)会是公司的决策机构和最高权力机构,关于股东治理的研究主要涉及股权结构、股东性质、大股东和控股股东、机构投资者、控制权和控制权配置等方面。从董事会角度来看,董事会的职责就是决定公司的经营并监督公司的总经理,制定相应机制确保公司在正轨中运营,推动总经理向股东利益靠拢。董事会是公司内部治理机制的重要组成部分,关于董事会的研究主要涉及董事会规模、独董比例、董事长兼任总经理等。从监事会角度来看,监事会负责对董事和经理层进行监督,主要通过监事会规模、持股比例及其独立性等方面发挥有效作用。从管理层角度来看,管理层在公司治理中具有相当重要的执行作用,高管在法律规定和董事会授权范围内负责企业的日常运营,关于高管治理的研究主要涉及高管特质、激励、行为及其权力等。

考虑到我国实际公司经营环境中,监事会尽管名义上可与董事会匹配,但由于监事独立性较差,专业素质不高,监事会无法发挥有效治理作用(罗红霞,2014)[68]。因此,本书对公司治理因素基于股东、董事会和高管激励角度进行选择。

(1)就股东角度而言,大股东及其股权性质在公司治理中的作用受到了普遍关注。大股东由于具备较大的收益份额，有强烈的动机监督经理。同时，大股东较大的控制权使其可以对公司发挥足够的影响(Jensen 和 Meckling,1976)[69]。当自身利益被经理人损害时，大股东有权将其撤换掉(Shleifer 和 Vishny,1986)[70]。Grossman 和 Hart(1988)[71]以及 Bechuk(1994)[72]也得出了类似的结论。但经理人的工作积极性也可能由于大股东的过度干预被限制(Burkart 等,1997)[73]，大股东也会运用自身控制权获取私利(Shleifer 和 Vishny,1997)[74]。

大股东产(股)权性质的差异会导致其对于管理者发挥不同的作用。Shirley 和 Walsh(2000)[75]认为相对于私有性质产权的大股东，公有性质的大股东在监督、合同、接管以及破产四个方面存在公司治理结构上的缺陷。在我国，国有企业的控股股东是各级国资委和相关政府部门，非国有企业的控股股东是自然人或其他民营企业，有大量研究表明控股股东性质的差异会影响其对企业的监督效应(Kane,1999)[76]、创新投入(苏文兵等,2010)[77]、职工工资(陆正飞等,2012)[78]等。可见控股股东股权性质是重要的公司治理因素，因此，本书选择股权性质作为本书公司治理因素中股东视角的代表变量。

(2) 就董事会角度而言，董事会代表股东，对经理人的聘任及薪酬具有决定权，由于董事长与总经理在企业中代表的权力存在差异，基于规范的现代企业制度，董事长与总经理的职位不应由同一人担任。学界始终在争论董事长和总经理是否可由同一个人担任。代理理论认为董事长和总经理两职分离，分割了企业的决策控制与管理职能，可以有效降低企业的代理成本(Fama 和 Jensen,1983)[79]，有利于提升企业价值。与之相反，统一指挥理论和管家理论认为，董事长与总经理两职合一可以避免管理团队权力分配不清晰，此时，组织价值更容易被提升(Finkelstein 和 D'aveni,1994)[80]。Brickley 等(1997)[81]指出董事长和总经理职位的分离会为公司带来代理成本、信息成本、转制成本和其他一些成本。在银企关系对现金流操控的影响过程中，董事会领导结构的差异很可能会促使上述影响呈现不同的方向。已有研究发现董事长兼任总经理会影响企业的创新绩效(Lane 等,1998)[82]、高管薪酬(卢锐,2008)[83]、企业价值(周建等,2015)[84]、高管薪酬业绩敏感性(陈晓珊和匡贺武,2018)[85]等。因此，本书选择董事长兼任总经理作为董事会视角的代表变量。

(3) 就管理层角度而言，管理层在公司治理中具有相当重要的作用，已有研究主要是从管理层的约束与激励机制入手，其中激励机制主要可分为薪酬激励与股权激励。对管理层按股东利益最大化目标进行激励，目的是约束经理人行为，降低委托代理成本。已有大量研究表明管理层激励能够诱发盈余管理(Watts 和 Zimmerman,1986)[86]、促使组织绩效提升(Kevin,2011;冯根福,2012)[87-88]等。在我国,上市公司股权激励制度自 2006 年才开始施行,尽管取得了一些不错的激励效果,但仍然不够成熟,相比赋予管理层股权激励,薪酬激励更为普遍、适用和规范,因此,本书选择高管薪酬作为管理层激励的代表变量。

2. 宏观经济形势衡量指标的选择原因

本书对宏观经济形势衡量指标主要基于宏观经济政策的变更和具体表现形式进行选择,在银企关系对现金流操控的影响过程中,宏观经济政策不确定性的高低、货币政策的宽松度会影响银企双方的心理和抉择,进而对现金流操控产生不同的影响。具体如下:

(1) 就宏观经济政策的变更而言,处于转型期的中国,由于缺少可借鉴的范本,政策变动更频繁,这种经济政策不确定性产生的影响会波及宏微观层面的各个主体,影响其行为(饶品贵等,2017)[89],未来政策的不确定性会影响管理者与企业家基于企业发展制定的方案和战略,为了规避不确定性带来的风险,企业内部需要审时度势,作出最优决策(Mcmullen 和 Kier,2016)[90]。因此,经济政策不确定性应该纳入影响银企关系作用发挥的宏观经济形势变量的范畴。

(2) 就宏观经济政策的具体表现形式而言,银行业容易受到经济政策,尤其是货币政策的重要影响,货币政策的传导渠道主要是银行信贷。在实际的经济运行中,资本市场是不完美的,信息不对称、交易成本等问题随处可见,银行是解决这些问题的重要中介,货币政策的变化会通过影响银行放贷,影响企业的信贷可得性,最终影响企业产出(Miron 等,1994)[91]。央行通过运用各种货币政策工具作用于短期中介目标,最终影响产出和就业等宏观经济目标,这一过程就是货币政策传导机制的一般表现。因此,宏观经济形势变量的选择还应该考虑货币政策宽松度。

图 1.2 是本书的研究思路图。

1.4.2 研究方法

为实现研究目标,本书采用档案数据法获取研究所需数据,采用多种实证研究方法检验银企关系对现金流操控的作用,及公司治理和宏观经济形势对两者关系的影响。

1. 档案数据法

本书所需银行贷款数据、前十大股东明细、董监高个人特征、公司治理、企业财务数据来自国泰安数据库(CSMAR),企业持有银行股权的相关数据来自万得数据库(WIND),经济政策不确定性数据来自由 Baker 等构建、由斯坦福大学和芝加哥大学联合披露的中国经济政策不确定指数,货币政策宽松度的数据来自国家统计局官网。

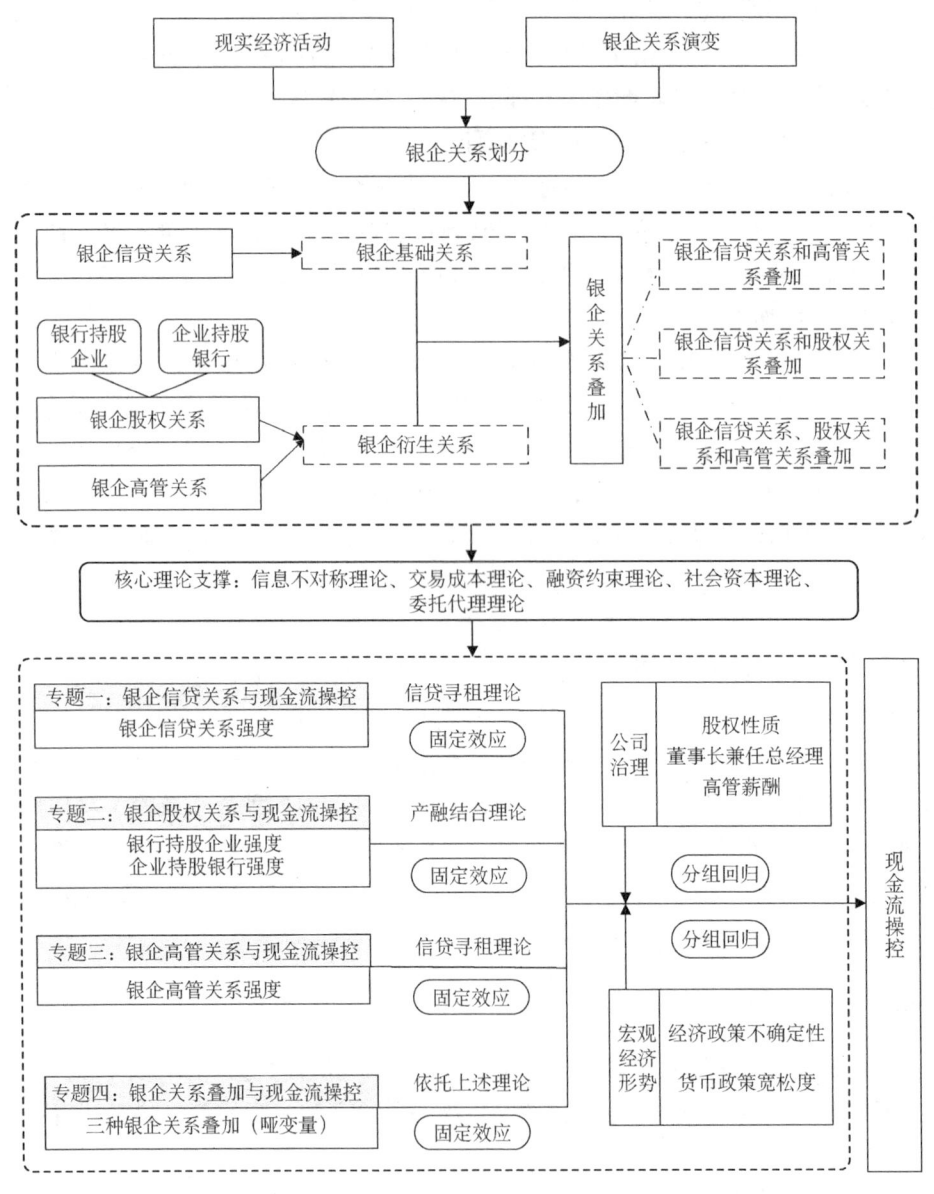

图 1.2 研究思路图

2. 回归分析法

（1）固定效应模型。本书采用固定效应模型控制个体效应和年份,分别检验银企信贷关系、银企股权关系、银企高管关系及叠加关系对现金流操控的影响。同时,本书检验公司治理和宏观经济形势因素对上述影响的作用,能够有效控制样本个体效应和时间带来的回归偏差。

（2）倾向得分匹配法（Propensity Score Matching，PSM）。PSM 方法可以削弱处理组和控制组的差异，缓解样本自选择问题。银企关系非外生事件，因此，如何解决可能存在的内生性问题至关重要，本书借鉴 Stiebale（2016）[92] 的做法，采用 PSM 方法缓解内生性问题。

（3）Heckman 两阶段回归。考虑到本书样本公司并不是全部都存在银企关系，研究结论可能受到样本自选择导致的内生性问题的干扰。因此，本书借鉴张超和刘星（2015）[93] 的研究，利用 Heckman 两阶段模型缓解这一内生性问题。

（4）组间系数差异检验。本书借鉴连玉君和廖俊平（2017）[94] 的研究，通过费舍尔组合检验对组间系数差异进行显著性检验，这一检验并不局限于普通的 OLS 回归模型，还可以应用于固定效应、逻辑回归等各种模型的估计命令。由于本书的研究基于固定效应进行检验，选择该方法对公司治理和宏观经济形势的分组检验进行组间系数差异显著性的检验。

1.5　研究创新

本书可能的创新点在于以下几个方面。

（1）从银企关系这一全新的视角，研究企业现金流操控实现的重要条件机制，创新了企业现金流操控形成机制的研究，拓展了银企关系经济后果的研究领域。

不同于以往的研究主要关注银企关系中银行对企业的监督作用，本书着眼于当前银行串通企业进行现金流舞弊的现象，重新审视银企关系，检验银企关系对现金流操控的影响，从银企关系入手探析企业现金流操控现象的形成机制，丰富了现金流操控的影响因素研究和银企关系的经济后果研究。

（2）从银企信贷关系、银企股权关系、银企高管关系，及其叠加关系这一新的深度，研究银企关系的经济后果，拓宽了银企关系研究的视野，深化了对银企关系影响现金流操控的相关机理的认识。

不同于以往研究多以银企信贷关系、银企股权关系和银企高管关系的其中一种或两种代替银企关系，本书将银企关系全面系统地划分为银企信贷关系、银企股权关系、银企高管关系及叠加关系，分别检验银企关系对现金流操控的单一影响和叠加作用。本书的研究能够明确银企多元关系对现金流操控的影响机理，拓宽关于银企关系的研究视野，更为深入全面地检验银企关系对现金流操控的影响机理。

（3）从公司治理和宏观经济形势层面研究影响银企关系与现金流操控的环境

机制,深化了对不同情境下银企关系对现金流操控影响的认识。

银企关系对现金流操控的作用会受到企业所处内外环境的影响,进而强化或抑制银企关系的作用发挥。本书进一步考察了不同公司治理情境和宏观经济形势下银企关系对现金流操控的影响,明确了银企关系对现金流操控的作用在不同环境下的差异。

第 2 章 文 献 综 述

为了论证本书研究选题及研究内容的创新性和前沿性,本章先梳理了有关银企关系经济后果的研究,包括银企信贷关系、银企股权关系及高管银行背景的相关经济后果研究文献;然后本章从动机着手,综述了有关现金流操控影响因素的文献。

2.1 银企关系的经济后果研究

本书关于银企关系经济后果的研究综述基于对银企关系的分类进行,分别从银企信贷关系、银企股权关系和银企高管关系入手。由于以往文献关于银企高管关系的表述通常用高管银行背景或以高管金融关联,本书对银企高管关系的经济后果以高管银行背景的经济后果表示。

2.1.1 银企信贷关系的经济后果研究

银企信贷关系的经济后果文献主要集中于银行债权的监督作用是否能够有效发挥,进而影响企业的信贷可得性、融资成本、业绩能力等。

1. 银行债权的监督效应

(1) 银企信贷关系与信贷可得性。在理论研究方面,Diamond(1984)[28]的理论模型显示银企信贷关系和银企股权关系可以减少监督成本。Diamond(1991)[29]发现企业基于银行借贷产生的声誉,有助于企业筹集资金和提高银行贷款的违约成本。Berger 和 Udell(1998)[95]基于信用理论模型发现,银企关系有助于中小企业降低成本。也有中国学者总结了银企关系带给企业的优势与风险(何韧,2005)[96]。

基于经验研究的文献表明,紧密的银企关系可减轻企业和银行间的信息不对称,进一步减少它们之间的交易成本和信息成本(Baltensperger,1978)[97],促进银行有效地监督管理层的行为(Diamond,1984)[28],提高德国企业外部资本的可获得性(Agarwal 等,2001)[98],减少贷款利率溢价(Berger 和 Udell,1995)[22],增加银行贷款可得性(Boot,2000)[99],银企关系维持的时间长度能够减少企业的贷款利率成本,企业建立关系的银行数量越少,企业越容易取得贷款(Petersen 和 Rajan, 1994)[100]。曹敏等(2003)[101]研究发现企业获取外币贷款的利率随着银企关系的持续而降低,贷款利率随着企业建立关系的银行数量增加而降低。Jiang li 等(2008)[102]发现亚洲金融危机时期,韩国和泰国银企关系强度和信用关系的可获得性显著正相关,但在菲律宾和印度尼西亚两者之间关系并不显著。何韧(2010)[103]发现企业建立关系的银行数量越多,银企关系越深,贷款利率成本也越低。罗正英等(2011)[104]发现银企关系的密切程度能够促进中小企业信贷融资,金融生态环境的改善对两者关系具有促进作用,但银行的规模差异对银企关系的贷款效应作用并不明显。Bharath 等(2011)[105]发现企业多次与同一家银行产生信贷关系,能够得到更低的贷款利率。

(2) 银企信贷关系与现金流。有学者基于中国台湾企业数据的研究发现,借款银行数量越多、贷款金额越高,贷款期限越久时,投资现金流敏感性越低(Chung-Hua 和 Chien-An,2005)[106]。有学者研究发现,通过银行贷款的抵押、类型及银行存款能够监督上市公司自由现金流操控(雷强,2010)[107],银行贷款会使自由现金流量的代理成本减少(沈红波等,2013)[108]。

(3) 银企信贷关系与公司业绩。Castelli 等(2012)[109]发现意大利银企关系中,企业权益回报率和资产回报率随着企业建立关系的银行数量的增加而降低,利息支出却随之增加。何韧和王维诚(2009)[34]使用世界银行的调查数据研究发现,银企关系会显著影响中小企业成长。

(4) 银企信贷关系与盈余管理。部分研究发现,随着银行对贷款监督的加强,企业的盈余管理行为会减少,如 Chung 等(2005)[110]在研究中发现债务融资会削弱盈余管理程度。Sungyoon 和 Wooseok(2009)[111]以 1988—2001 年的公司为研究样本,发现贷款规模越大、贷款年限越久、银行声誉越好、贷款银行数越多,企业盈余管理程度越低。

国内学者主要从银行债务角度来研究银行信贷对盈余管理的作用。雷强(2010)[112]运用博弈论分析指出,盈余管理行为是博弈均衡的必然结果,会随着银行监督效率的上升而减少。

大部分学者检验了银行债务契约与应计盈余管理的线性关系。雷强(2010)[113]、雷强和李争争(2010)[114]发现银行对借款人应计盈余管理存在监督作用。陈骏(2010)[115]发现银行债务融资规模越大,企业越可能进行向下的应计盈余管理。赵纯祥和杨快(2019)[116]发现长期贷款银行数量与应计盈余管理水平负相关,货币政策紧缩时这种负向关系更强。

(5) 银企关系的其他监督效应。银企关系会显著影响企业的对外担保行为

（罗党论和唐清泉，2007）[117]，银企关系（长度、规模、是否存续和深度）越紧密，企业的偿债能力越强，银企关系长度、银企关系规模能够显著提升企业全要素生产率（蒋汇和朱玉杰，2018）[118]。企业现金股利的支付意愿随银企关系的规模、金额和时间的增加而加强，但现金股利的支付水平会被银企关系所抑制（罗付岩，2019）[23]。银行贷款比例越高，会计稳健性和盈余稳健性越高（王毅春和孙林岩，2006；徐昕和沈红波 2010）[119-120]。此外，罗付岩（2016）[121]还发现在并购中更可能选择现金支付的公司往往存在银企关联，企业与银行关联越强，并购越可能选择现金支付。王旭（2014）[122]发现短期借款与代理成本负相关，而长期借款却与代理成本正相关，高管层面的金融关联会削弱短期借款对代理成本的降低作用。

2. 银行债权的监督失效

（1）银企信贷关系与信贷可得性。有学者发现银企关系长度与银行贷款定价相关性不强（何韧，2010）[103]。杨毅和颜白鸾（2012）[123]发现中小企业的银行贷款与自身资金缺口的比值较大时，贷款利率会上升。

（2）银企信贷关系与公司业绩。何韧和王维诚（2009）[34]发现银企关系持续越久，关系银行数量越多，越不利于企业成长。

（3）银企信贷关系与盈余管理。也有研究认为，银行无法监督企业的盈余管理。由于银行贷款包含在企业债务范围内，有相当数量的学者以银行贷款为企业债务契约的替代变量，检验其对盈余管理的影响。Watts 和 Zimmerman（1986）[86]认为，管理层会随着企业负债的增加而调节盈余。Sweeney（1994）[124]、Beneish（1997）[125]、张玲和刘启亮（2009）[126]的研究支持了这一结论。学者们主要基于应计盈余管理角度，检验银行贷款特征和借款结构对应计盈余管理的影响。从银行贷款特征来看，有学者发现，对于应计盈余管理，银行无法通过贷款抵押、再融资和贷款类型等有效发挥监督作用（雷强，2010）[113]。有学者基于印度市场的数据发现，从银行国有或私有性质、企业贷款的银行数量、贷款所占比例三个角度出发，银行监督会促使企业进行应计盈余管理（Anand 和 Siddharth，2015）[127]。从银行借款结构角度，刘芹（2012）[128]发现借款企业为民企或拥有长期借款时，应计盈余管理程度较高；反之，则较低。

还有学者关注银行债务契约对真实盈余管理的监督失效作用。Roychowdhury（2006）[63]认为公司存在负债时，真实活动盈余管理更强。李增福等（2011）[129]以银行长期借款代表债务水平，发现债务水平与应计和真实活动盈余管理均正相关。石少丹（2013）[130]发现短期借款比例越高，企业财务风险越大，为了降低破产风险，企业真实盈余管理程度会增强。

随后，部分学者深入检验了银行债权对盈余管理的非线性作用。Aloke 等

(2010)[131]发现企业债务的增加会使应计质量先上升后下降,两者存在非单调关系。薄澜等(2013)[132]研究发现应计和真实盈余管理与债务融资规模均呈非线性关系,随着债务融资规模的上升,应计和真实盈余管理水平先下降后上升。

2.1.2 银企股权关系的经济后果研究

银企股权关系的建立通过双方持有彼此股权来实现,本部分文献综述将基于银行持有企业股权和企业持有银行股权这两方面分别进行。

1. 银行持有企业股权的经济后果研究

银行持有企业股权的经济后果主要体现为缓解企业融资约束、发挥监督作用、强化或缓解债权与股权冲突。

1)银行持股企业能够缓解融资约束

(1)银行持股企业促使企业获得债务融资。银行持股企业有助于企业获取银行债务融资(Jun-Koo 和 Shivdasani,1995)[133]。Pan 等(2015)[134]发现银行既是企业的股东也是企业的债权人时,公司更容易获得贷款,这种现象在非国有企业中更明显。对于国有企业来说,银行的这种作用降低了企业的投资效率,对于非国有企业则相反。Weinstein 等(1998)[135]研究表明银企股权关系提高了企业债务融资的便利性,但是增加了资本成本。Lin 等(2009)[136]发现银行持股企业方便了企业债务融资,相比非银行持股企业,银行持股企业负债更高。王善平和李志军(2011)[44]研究发现,投资效率更高的银行持股公司获得了更多的银行债务融资。

(2)银行持股企业时企业增加债务融资的后果。银行持股企业会降低企业的投资现金流敏感性(Takeo 等,1991;翟胜宝等,2014)[137-138],提升企业风险(翟胜宝等,2014)[139]。翟胜宝等(2018)[140]发现当银行关联表现为银行持股企业时,银行通过扩大贷款规模、延长贷款期限等方式为企业创新提供了资金,对企业创新的促进作用更强,Lai 等(2020)[141]也得出了类似的结论。由于缓解融资约束的作用,银行持股的企业在并购中更可能选择现金支付方式,银行持股企业强度显著增加了并购中现金支付方式的可能性(罗付岩,2016)[142]。

2)银行持股企业能够促使银行发挥监督作用

银行持股使银行成为公司的股东,从而能够更有效地监督企业。银行持有企业股权有助于显著改善企业的业绩(Gorton 和 Schmid,2000)[143],优化信贷关系,提高企业盈利能力(Mahrt-Smith,2006)[144];降低银行与企业间的信息不对称程度,减少监督成本,从而推动企业服务于银行利益,规避高风险投资活动(曾宪岩,2002)[145]。

3)银行持股企业能强化或缓解债权与股权冲突

(1)银行持股企业强化债权与股权冲突。银行并不一定是以股东价值最大化为目标,银行持有企业股权可能会导致债权与股权冲突。Agarwal 等(2001)[98]发现银行持股企业导致银行对企业资本供给增加,银行债务增加,利息费用却很高,但并没有促使企业盈利,表明银行损害了企业股东的利益。Campbell II 等(2002)[146]基于韩国样本,也并未发现银行持股企业时银行能够有效监督企业。Joh(2003)[147]甚至认为,银行持股企业会使风险在银行与企业间传递。Bernotas(2005)[148]的研究则表明,在日本,当银行兼具股东与债权人角色时,银行会脱离企业利润最大化的目标。有学者基于中国企业样本的研究发现,银行持股带来的融资便利性可能导致企业进行大量次优和无效率投资,降低企业价值,无法提高公司业绩(Lin 等,2009)[136],增加企业高管在职消费(Luo 等,2011)[149]。银行持有企业股权在降低代理成本的同时,也可能引起股东—债权人的利益冲突(祝继高,2012)[45],银行持股企业和银行股权债权合一也会减少企业股东的并购财富(罗付岩,2016)[121]。

（2）银行持股企业能缓解债权与股权冲突。也有学者发现,当银行股权与债权合一时,企业的投资不足可被有效缓解,股东与债权人的风险转移冲突被削弱(Prowse,1990)[150],银行持股可以缓解债权人和股东的利益冲突(Mahrt-Smith,2006)[144]。

2. 企业持有银行股权的经济后果研究

企业持有银行股权的经济后果主要体现在可以缓解企业融资约束,有利于发挥企业监督作用等。

（1）企业持股银行促使企业获得债务融资。有学者基于泰国企业的研究表明,家族企业对银行的股权控制可以使企业用更少的贷款担保,获得更多的长期贷款和银行贷款(Charumilind 等,2006)[151]。基于我国企业的研究表明,我国企业参股非上市金融企业有助于增强企业融资能力(蔺元,2010)[152]。民企更多是基于追求多元化和分享银行垄断利润而持股银行,参股金融企业后,民企的整体负债水平、银行贷款等会显著上升,但是借款期限显著缩短,整体业绩水平下降(郭牧炫和廖慧,2013)[153]。

（2）企业持股银行时企业增加债务融资的经济后果。企业持股银行促使企业增加债务融资后,会引起各类经济后果。就业绩而言,蔺元(2010)[152]以我国企业为样本,研究发现工商企业参股非上市金融企业后,企业的业绩恶化。就投资现金流敏感性而言,Espenlaub 等(2012)[154]以泰国企业数据进行研究发现,银行关联与投资-内部现金流敏感性负相关,但在 1997 年亚洲金融危机后,存在银行关联的企业数量大幅度减少,上述负相关关系也就不再存在。陈运森等(2015)[155]、万良勇等(2015)[156]、邓可斌(2017)[157]的研究也表明银行股权关联能够减弱投资-内部现金流敏感性。

此外,企业持股银行促使企业增加债务融资对于现金持有、利息费用等因素也会产生影响。陈栋和陈运森(2012)[158]研究发现企业持股银行时,现金持有水平会降低,现金调整速度变慢。Lu等(2012)[24]研究发现,非国有企业比国企更乐于持有银行股权,持股银行比例越高,利息费用越低,现金持有越少。企业持有银行股权能够提高企业的投资效率(翟胜宝等,2014;苑改霞和胡彦鑫,2020)[137, 159],增加企业风险(翟胜宝等,2015)[139],但企业持有银行股权为企业创新提供了充足的资金,可以促进企业创新(翟胜宝等,2018)[140]。由于缓解融资约束作用,持股银行的公司在并购中更可能选择现金支付方式,企业持股银行的强度显著增加了并购采用现金支付方式的可能性(罗付岩,2016)[142]。

(3)企业持股银行的监督效应。林钟高和金迪(2019)[24]研究发现,持股银行可以增加企业的供应商关系交易,但持股比例与供应商关系交易之间表现为非线性的倒U形关系。邹民(2015)[160]发现高管具有银行背景或企业持股银行以及银行持股企业时,能够削弱企业的真实盈余管理。

(4)企业持股银行的其他效应。曹哲等(2019)[161]发现企业参股银行会增加企业的违规风险,市场化程度越低,企业参股银行对违规风险的增加作用越强。庞欣和王克敏(2021)[162]发现,地方国有上市公司更倾向于持有商业银行股份,尤其是同地区的商业银行,这种现象在公司注册地为省会城市、金融业市场化水平较低、地方官员任职年龄较小时以及政府发布相关促进银行业发展政策后更明显。此外,地方国有上市公司持股商业银行提升了地方金融业水平以及地方官员晋升概率。

2.1.3 高管银行背景的经济后果研究

企业高管具有银行背景,是指企业聘任的高管曾经或者现在在银行担任相关职位(郭牧炫,2013)[163]。已有研究发现公司聘请具有银行从业背景的高管加入公司的管理层和董事会中,能够有效发挥此类高管的咨询作用,缓解企业融资约束,此类高管也会产生监督作用,约束管理层投机行为。同时,此类高管还可能基于银行利益而损害股东利益。

1. 具有银行背景高管的咨询职能

银行背景高管的咨询职能主要体现为具有银行背景的高管能够帮助所在企业获得信贷资源、提高债务管理水平。通常而言,高管具有银行背景能够从以下几个方面改善企业的债务管理。

1)高管银行背景促使企业获得债务融资

Booth等(1999)[19]发现董事会中具有银行背景的高管会增加企业的短期、长期和总银行负债。Byrd 等（2005）[164]、Adams 等（2007）[165]得到了类似的结论。Fiori 等（2007）[166]使用 1997 年金融危机前泰国公司的数据，发现公司高管具有银行关联时，所在企业可以通过更少的担保、更容易地取得长期借款。Mitchell 和 Walker（2007）[167]以及 Ciamarra（2012）[18]也发现了高管银行背景对企业债务融资的优势。在德国非金融类公司，董事会中的银行家扮演着专家的角色，有助于公司缓解融资约束（Dittmann 等，2010）[168]。

在中国，具有银行背景的高管也可以帮助企业获得更多银行贷款（唐建新等，2011；刘浩等，2012；杜颖洁和杜兴强，2013；陈共荣和谢佩君，2014）[169-170, 46, 171]，影响民营企业的贷款增量（邓建平和曾勇，2011）[172]，这种融资便利在高风险企业中更强（苏灵等，2011）[173]。

也有学者发现高管银行关联与其他因素的协同作用，高管具有银行背景能够大大削弱非标准审计意见对企业负债融资的负面影响（邓建平，2011）[174]。内部控制与银行关联可相互替代，减轻企业的融资约束（程小可等，2013）[175]。为了配合产业政策，高管具有银行关联能够有效发挥监督作用，企业的长期借款水平和波动性更低（祝继高等，2015）[176]。黄新建和万会琴（2017）[177]发现高管银行关联与地区金融文化相互替代，影响企业委托理财行为。

2) 高管银行背景缓解债务融资约束的后果

（1）高管银行背景能够降低投资现金流敏感性。具有强银行关联的公司，其投资流动敏感性较弱（Hoshi 等，1990；Ramirez，1995）[178-179]。Burak 等（2008）[180]使用美国的数据也发现，董事具有银行背景，公司的投资现金流敏感性会降低。宇文晶等（2017）[181]发现在民营企业和货币政策紧缩时期，高管银行关联对企业现金—现金流敏感性的降低作用更加显著。

（2）高管银行背景优化企业资金配置。具有银行背景的董事的加入能够显著降低公司的红利支付（Tseng 等，2012）[182]，高管具有银行背景能够降低企业与银行之间的信息不对称，帮助企业取得银行债务融资，显著改善企业的融资约束，提高企业投资效率（翟胜宝等，2014）[137]，降低现金持有水平和加快现金持有调整速度（李文贵和邵毅平，2016）[27]。

（3）高管银行背景缓解债务融资约束的其他后果。高管具有银行关联能显著促使企业选择更有价值增值性的风投项目，提高企业的风险承担水平（李文贵，2015）[183]，董事具有银行背景加大了公司在并购中选择现金支付方式的概率（罗付岩，2016）[142]，高管具有银行背景也能够促进企业的 R&D 投资（巫岑等，2016）[184]，提高企业税收规避程度（曹越等，2017）[185]，提升企业创新能力（翟胜宝等，2018）[140]，提高公司过度负债程度（秦建文和关欣，2018）[186]。

2. 具有银行背景高管的监督职能

Rosenstein 和 Wyatt(1990)[187]发现,公司的股票市场反应在企业向外发布聘请具有银行背景人士担任公司外部董事的消息时,显著为正。Lee 等(1999)[188]利用同样的样本,发现公司任命的外部董事具有财务背景时,同样会引起市场的正向反映。Kaplan 和 Minton(1994)[189]研究发现,具有银行背景的高管更大概率在企业业绩差时担任外部董事,这些高管进入公司后,高管更替和业绩改善的可能性增加。Morck 和 Nakamura(1999)[190]、Saito 和 Odagiri(2008)[191]基于日本企业数据,发现董事具有银行背景,能显著改善企业绩效。具有银行背景的高管能站在股东的角度作出决策,影响企业的增值性并购活动(Frydman 和 Hilt,2011)[192]。

祝继高等(2015)[193]发现企业处于产业政策不支持的行业中时,具有银行背景的董事更容易发挥监督能力,减少企业的过度投资,进而提升企业价值。余明桂和王娟(2015)[194]发现企业聘任的具有银行背景的高管目前担任银行职位时,对会计稳健性的提高作用更强。翟胜宝等(2015)[195]发现高管具有银行背景,对成本费用黏性产生的作用强弱,居于企业持股银行与银行持股企业对成本费用黏性的作用之间。

3. 高管银行背景导致债权与股权冲突

高管具有银行背景可能会损害企业股东的利益。Kroszner 等(2001)[196]分析了具有银行背景的高管加入公司董事会的作用:第一,这种关系能够加快银行与企业之间的信息流动,能够帮助企业获得银行融资;第二,作为一种声誉与隐性担保机制,可以向外界传递公司状况良好的信号。当然,银行家董事也会面临关联成本,银行家董事的监督利益和股东—债权人利益冲突之间需要权衡。Mitchell 和Walker(2007)[167]指出,具有银行背景的董事也可能代表银行的利益,投资策略更保守,导致企业投资效率低下。Burak 等(2008)[180]也发现具有银行背景的董事倾向于规避风险,未能良好地履行监督职能。Kuo 等(2012)[197]基于中国台湾数据,发现在小公司中,具有银行背景的董事更可能发挥监督作用,在大公司中则容易发生利益冲突。刘浩等(2012)[170]基于银行背景的独立董事也得出了类似的结论。翟胜宝等(2014)[139]发现银行关联会加大企业的风险。

2.2 现金流操控的影响因素研究

现金流操控的影响因素研究实际上就是现金流操控的动机研究,现有文献主要从再融资、美化业绩、高管个人私利、迎合分析师及配合应计盈余管理等角度进行研究。

1. 再融资动机

王啸(2004)[10]发现在发行新股前,有部分公司操纵经营现金流,虚增经营现金流金额。陈理(2006)[61]发现公司再融资时,会运用多种手段操纵现金流,如取得一次性的税费返还、收回被股东单位占用的资金等。张俊瑞等(2008)[11]也发现了类似的现象。郭慧婷等(2011)[198]发现在再融资前后,公司的现金流波动幅度较大,存在被操控的可能。周冬华和赵玉洁(2014)[199]发现进行再融资的上市公司也有动机为了达到监管门槛,操控现金流数值。

2. 美化业绩动机

企业有动机通过现金流操控美化业绩,使现金流量高于上一期,呈现"微正"状态(郭慧婷等,2011)[58],避免公司在下一期陷入财务困境(王蓉蓉,2013)[12],获得投资所需现金流(李彬和张俊瑞,2013)[200]。李世新和陈艳英(2015)[14]发现现金流操控会随着企业财务危机的加重、投资价值的降低而加剧。

3. 高管个人私利动机

Frankel(2005)[60]的研究证实了高管进行现金流操控的薪酬契约动机,管理者会操纵现金流水平完成薪酬契约目标。郭慧婷等(2015)[13]发现现金流操控随着高管薪酬增加和高管变更而强化,随着高管持股比例和高管隐性收益增加而被削弱。此外,管理层收购过程中也存在现金流操控(郭慧婷等,2007)[201],现金流操控也可用于管理层防御(陈晨和惠楠,2018)[202]。

4. 迎合分析师动机

郭慧婷等(2011)[58]认为企业管理层对现金流量进行管理的动机包括迎合特定外部分析师的预测。公司为了迎合分析预测会夸大经营现金流量(王蓉蓉,2013)[12]。

5. 配合应计盈余管理

吴秋生和马文琪(2020)[66]发现应计盈余管理与现金流操控之间存在双向互动影响,但这种关系并不对称,过度负债和非国有企业性质会强化两者之间的互动关系,内部控制、高管持股与提高独立董事占比可有效抑制上述关系。

2.3 文献评价

本书通过对文献梳理发现,银企信贷关系、银企股权关系和银企高管关系会影响企业的信贷可得性、融资约束、现金流敏感性、业绩、企业成长性、银行贷款利率、并购财富、供应商关系交易、自由现金流约束和全要素生产率等。同时发现,高管谋取个人私利、美化业绩、再融资、迎合分析师、配合应计盈余管理等动机会引起现金流操控。已有研究为本书考察银企信贷关系、银企股权关系、银企高管关系及其叠加关系对现金流操控的影响提供了较好的研究基础和理论借鉴。尽管如此,关于银企关系和现金流操控的研究仍然存在不足。

(1) 已有研究主要探讨了银企关系在企业的信贷可得性、融资约束、现金流敏感性、业绩、企业成长性、银行贷款利率、并购财富、供应商关系交易、自由现金流约束和全要素生产率等方面的经济后果。多数文献聚焦银行对企业的监督作用,少量文献探究了银行对企业的"套牢"作用及负面影响。同时,基于大量文献可知,现金流操控的影响因素有高管薪酬、美化业绩、再融资、迎合分析师、配合应计盈余管理等。但在"银企合谋现象"日渐盛行的当下,暂未有文献基于现实经济活动,探究银企关系对现金流操控的影响。

(2) 研究往往以"银企信贷关系""银企股权关系"和"银企高管关系"的其中一种或两种代替"综合银企关系",以此检验"银企关系"的经济后果,鲜有文献将三类银企关系纳入同一研究框架,以区分不同银企关系产生的经济后果差异,并探讨各类银企关系叠加时产生的影响。银企关系如何对现金流操控产生影响,需要全面系统地划分银企关系进行检验。

(3) 研究尚未将银企关系与现金流操控纳入同一研究框架,全面系统地划分银企关系,并分析不同环境因素下银企关系是如何影响现金流操控的。微观企业的行为受到内外环境因素的影响,研究银企关系对现金流操控的影响需要考虑不同环境。但尚未有文献考察不同环境下银企关系对现金流操控的影响机理,更未有文献提供必要的经验证据。

综上,本书认为研究银企关系与现金流操控之间的关系具有重要的理论意义与实践价值,具备较强的创新性。因此,本书将银企关系与现金流操控纳入同一分析框架,全方位考察不同环境下各维度银企关系对现金流操控的作用机理,以及各维度银企关系叠加对现金流操控的影响,并提供必要的经验证据。

第3章 理论基础与研究框架

本章内容包含支撑本书理论分析所需的理论基础,以及由此需要搭建的研究框架。在理论基础部分,运用交易成本理论、信息不对称理论、融资约束理论、信贷寻租理论、产融结合理论和社会资本理论分析了银企关系的产生和发展,运用委托代理理论分析了银行对企业的债权治理和股权治理功能的发挥、银行自身委托代理问题以及企业现金流操控现象产生的原因。同时,以上述理论为基础,基于变量的概念,构建了本书的研究框架。

3.1 理论基础

本书主要基于交易成本理论、信息不对称理论、融资约束理论、信贷寻租理论、产融结合理论和社会资本理论对银企关系的建立及发展进行解释。同时,运用委托代理理论解释银行发挥的债权治理和股权监督功能,及由于银行的公司治理问题引发的银行与企业间的寻租现象,并基于该理论分析现金流操控产生的动机。

图 3.1 梳理了银企关系与现金流操控的理论基础。

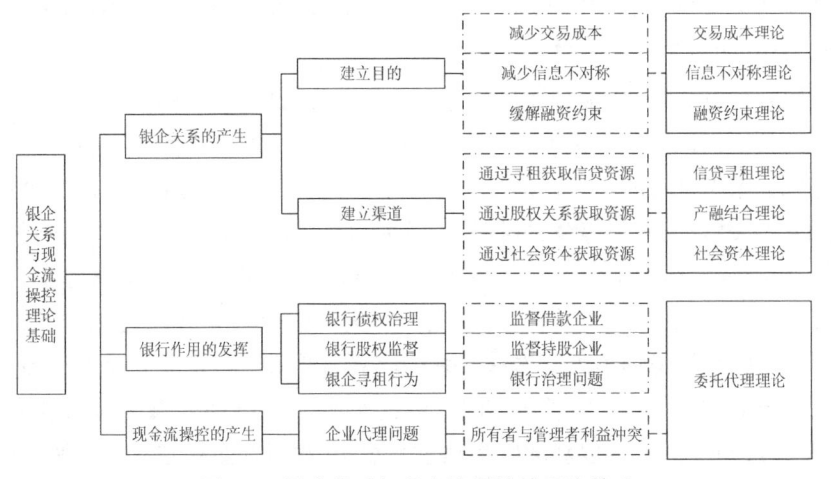

图 3.1 银企关系与现金流操控的理论基础

3.1.1　与银企关系产生有关的理论基础

1. 交易成本理论

科斯在 1937 年最早提出有关交易成本的理论构想,他指出,在现实经济活动中,市场机制的运行需要成本,会出现各类摩擦,成立企业能够有效节约各类交易费用。在该理论下的交易成本是指采购成本以外的隐含成本,包含搜索成本、双方的谈判成本、签订协议的成本,以及事后的监督交易与违约成本。科斯的这一论断奠定了现代企业理论的基础,揭示了新古典经济学中的企业黑箱,由此,这一理论被广泛应用在管理学、组织行为学等研究领域。

在我国,企业的主要融资来自银行的信贷支持。银行在向企业提供信贷资金、获取利息收益的同时,试图确保资金的及时回笼。企业出于经营发展的需要,更关注如何获取更大金额和更长期限的信贷资金。在银行与企业的交易中存在很多摩擦,政策、人情及交易市场等因素的存在会导致银企信贷关系的建立与维持过程中产生较大的交易费用。

细化来说,银行的信贷损失主要来源于企业无法及时还款,如果企业出现经营问题,或者出现赖账、资产转移及欺诈等行为,便会无法及时偿还本金和利息。为了躲避风险,银行会在与企业签订信贷合同时设定严格的条款,并收取一定的风险溢价,也会通过在信贷过程中加大监督以及加大事后惩罚来约束企业的不当行为。企业为了获取银行贷款和降低信贷成本,在签订合同时,需与银行协商,同时面临着银行停止续贷的风险,这可能给企业带来资金链断裂的致命打击。企业与银行之间的行为都会在银行与企业间产生交易费用,可见,降低交易费用有利于提高银企资源配置的效率。无论是银行方,还是企业方,都在试图通过各类可能的途径减少交易费用,实现各自利益最大化。

在银企信贷关系中,银行通过筛选企业的条件,批准企业的贷款要求。依据企业能够向银行提供的信息类型,企业贷款的类型有财务报表型、信用评分型、资产保证型和关系型(Berger 和 Udell,2002)[203],分别表示企业能向银行提供规范可靠的财务报表信息、信用等级、抵押品以及无法提供以上信息。基于企业贷款特征的差异,银行需要运用不同的技术去收集、处理贷款信息。区别于财务报表型、信用评分型、资产保证型三类贷款,关系型贷款需要银行收集难以量化、获取且核实与传递存在困难的隐形信息。这种关系的建立需要银行与企业的持续交流。银行可以通过与借款企业维持长期的业务往来或对其长期监督(Allen 等,1991;Nakamura,1991)[204-205],以获取隐形信息。可见,银行与企业建立长期紧密的信贷关系可以减少各类交易费用。

同时,企业与银行之间可以通过交叉持股、企业聘任具有银行背景高管等建立联系,通过加强关系密切程度来减少交易成本。这种关联的构建可以产生两方面的作用,首先,关联带来的信息优势可以促使银行内部资源配置效率提高;其次,关联关系产生的特殊借贷关系,可以使交易双方减少搜寻、讨价费用等成本(支燕和吴河北,2011)[206]。这样的银企关联提高了企业的融资便利性,降低了应付利息和企业的融资成本,从而提高了企业的利润。合同签订后,银行与企业之间的协商成本和监督成本也会由于这种关系而降低(余保福,2008)[207]。

综上所述,银企信贷关系的建立与发展存在交易成本,银行与企业两者之间长期、稳定、紧密的接触,有利于银行获得企业更广泛、更隐秘的信息,进一步减少双方在契约协商、签订及执行等阶段的交易费用。同时,企业为了提高信贷可得性和便利性,往往试图与银行建立股权关联和高管关联,这种关系的构建,能够提高企业获得银行信贷的概率,也能够降低企业信贷融资过程中的交易成本。

2. 信息不对称理论

信息不对称理论认为,资本市场信息不是完全透明和公开的,由于信息壁垒的存在以及信息获取成本的不同,市场中各利益相关者获取信息的渠道和完整度存在一定程度的差异,资金的使用方和供给方之间存在一定的信息不对称,经济人无法准确掌握所有的信息,并合理地作出最优决策。

基于事前事后的信息不对称会产生两种问题。事前信息不对称会导致逆向选择,处于信息优势地位的交易方很可能基于自身收益最大化的目标而有意隐瞒一些信息,损害信息劣势方的利益。事后信息不对称会引发机会主义,即道德风险问题。信息不对称理论的贡献在于,其可促进资本市场基于信息不对称,建立有效的交易契约,确保交易的顺利。现实经济活动中,银行与企业之间有着严重的信息不对称问题,大大降低了银行信贷资源配置的效率,阻碍了企业融资的便捷程度。

就事前信息不对称来说,基于银行的立场,银行难以对企业的生产经营进行全面深入的了解,仅仅能够依据企业自愿披露的信息进行判断;就企业来说,披露的信息往往经过筛选和美化,企业会隐瞒自己的短板。这种信息不透明使银行难以掌握企业的真实状况,银企之间出现了严重的信息不对称,信贷交易的安全性和效率无法保障。为了解决这种信息不对称问题,企业通过与银行保持长久紧密的联系而实现信息互通,减少由于信息不对称引发的效率下降等问题。企业与银行保持长久紧密关系的方式有多种,可以与银行建立长期稳定的信贷关系,也可以通过与银行交叉持股,还可以聘请具有银行背景的高管。维持稳定的信贷关系可以使银行更为直接地获取企业信息。企业与银行建立股权关系和高管关系,则是为了间接地增加银行与企业的亲密度,促进银企信贷关系的构建。这些都可以减少银企之间的事前信息不对称，避免逆向选择问题。

但是基于银企关系产生的事后信息不对称——道德风险问题也不容忽视，这类道德风险问题的出现也是由于银企关系中的信息不对称，往往出现在银行与企业之间、银行和企业与其他利益相关者之间。企业通过与银行建立密切的关系获取资金，有可能减弱关系银行的债权监督功能，引发企业对资金的滥用，改变资金用途等。预防及遏制这一现象的有效手段，便是缓解银企之间的信息不对称，控制银行的信贷风险和企业的投机行为。

可见，在银企各种形式的关系之中都会存在信息不对称。在建立信贷关系之前，银行与企业的信息不对称会影响银行对企业的判断。建立长期亲密的银企信贷关系或者构建银企股权及银企高管关系，能够有效缓解银企之间信息不对称，提高企业信贷融资可得性。同时，需要预防和控制银企建立关系之后的道德风险，促使银企关系良性发展，互惠共赢。

3. 融资约束理论

融资约束理论是基于交易成本和信息不对称理论提出的。MM 理论认为市场是完美的，不存在交易费用和摩擦，从企业外部与内部获取资金的成本并无差异，资金成本只与资金需求数量有关（Modigliani 和 Miller，1958）[208]。

但是现实经济生活中，信息不对称普遍存在，资金供求双方产生交易摩擦、增加交易成本在所难免，内外部融资无法等同。资金是稀缺资源，在企业寻求外部资金时，外部投资者或债权者需要花费较多的时间和人力搜集企业经营信息，以采取有效的监督措施，防止出现道德风险。同时企业也面临与资金需求方交易中断的风险，使外部资金成本比内部资金成本高。外部融资成本要显著高于内部融资成本，这就限制了企业从外部获取资金的渠道，企业缺乏充足的资金对高价值项目进行投资，融资约束由此产生（Whited 和 Wu，2006）[209]。

融资方式有内源融资与外源融资。我国资本市场是一个弱式有效市场，企业内源融资与外源融资成本差异较大，而外源融资成本往往更高（胡晖和张璐，2015）[210]。

就我国企业而言，或多或少都存在融资约束问题。在资本市场不够完善的情况下，信贷融资依然是我国企业主要的外部融资方式。但对于绝大多数企业而言，信贷资金的取得并非易事。已有调查显示，在信贷申请过程中被拒绝的中小企业比例高达 56.1%。这是由于我国银行业市场化程度不足，常规的信贷批准、发放及其他后续事项的流程存在拖沓现象，存在信贷寻租的空间。可见，如果仅仅依据常规化的流程，企业获取银行贷款存在诸多困难，企业需要付出更多的时间和成本，但所得结果也可能是"竹篮打水一场空"。

因此,存在融资约束的企业,有动机积极搭建与银行的信贷联系,维持与银行的长久合作,或者转而通过与银行建立股权关系或聘请具有银行背景的企业高管来获取信贷支持,缓解企业的融资约束。

综上所述,融资约束主要是由于企业内部融资困难,外部融资成本大于内部融资成本造成的,因此,企业试图与银行密切联系以缓解融资约束。企业需要基于融资约束构建合理的银企关系,缓解企业面临的融资约束,并使银企关系更为良性。

4. 信贷寻租理论

寻租理论最先由塔洛克(Tullock)提出,1967 年,他发表文章《关税、垄断和偷窃的福利成本》。塔洛克通过经验研究得出结论,认为企业有动力运用稀缺资源来取得垄断和关税,由此产生寻租成本。他认为,企业的目标是追求利益最大化,当企业可以通过非生产性活动取得收益后,企业会缺乏进行生产性活动的动力,会竭力争取垄断地位或资源配额。但他的这一论断在当时并未得到足够的认可。克鲁格(Krueger)[211] 在 1974 年第一次对此类问题进行模型化分析,在《寻租社会的政治经济学》一文中,克鲁格指出寻租活动消耗了大量的人力、物力和财力,引发了社会资源的巨大浪费,造成整个社会经济效益的下降。据此,学界认为寻租理论由塔洛克与克鲁格共同开创。另一位对寻租理论作出巨大贡献的经济学家巴格瓦蒂(Bhagwati,1982)[212]认为,寻求直接非生产性活动是寻租活动。

在 20 世纪 80 年代,寻租理论开始传入中国。当时中国正在经历从计划经济向市场经济体制的转变,国内外没有可以借鉴的经验,需要采取先试点后推广的方式实施,这决定了改革过程需要不断试错,这就为寻租行为提供了空间和土壤,使改革过程中寻租盛行(刘启君,2005)[213]。依据寻租理论,政府干预使行政主体有权力设定市场准入门槛,这些门槛为一些官员设租提供了方便,使市场中的经济主体有动力缴纳租金,达到门槛条件。

当时,我国信贷市场也滋生了各类寻租活动。由于银行在商业化转型过渡的过程中,商业化经营和利率市场化发展缓慢,银行受到来自政府的利率和信贷配给的干预,无法通过利率杠杆吸引储户,加之信贷市场长期的供不应求状况等,企业贷款难度上升,贷款市场寻租行为盛行(董玉飞等,2003)[214]。

银企之间的寻租活动主要是指在信贷发放过程中,基于银企信息不对称的漏洞,银行信贷人员滥用手中权力,通过设租与企业合谋,取得非法利益(蒋燕和胡日东,2005)[215]。在银企关系的建立与维护过程中,寻租行为在所难免,企业有动力通过寻租获得后续贷款,由于银行有政府的托底,信贷人员容易在高额的回扣面前放松对企业的贷款要求,这些都间接地激化了信贷市场的寻租活动。

5. 产融结合理论

产融结合分为两种方式：一种方式是产业资本参股或控股金融资本；与之对应，另一种方式是金融资本参股或控股产业资本。银行与企业相互持股便是较为常见的一种产融结合方式，对两者之间构建股权关系的缘由及后果可以基于产融结合理论进行剖析。

运用产融结合理论进行分析需要以交易成本理论和信息不对称理论为基础。依据交易成本理论，如果在市场中交易成本为零，那么，企业内部资源可与外部市场相互替代。但在现实经济活动中，借贷双方之间存在着各类巨大的交易成本。如果企业与银行能够通过某种方式避免或降低交易成本的产生，将是实现彼此共赢的选择，因此，企业与银行对彼此之间的关系不再仅仅满足于业务关系，产生了股权结合的需求。

产融结合将外部的金融资源内部化，大大降低了企业的外部融资交易费用。产融结合能够为资本双方带来诸多便利，股权的相互渗透大幅消除了企业与金融机构之间的信息不对称，开拓了企业内部资本市场与外部金融机构的沟通渠道，降低了交易费用（周莉和韩霞，2010）[216]。产融结合可通过以下方式减少信息不对称和降低交易费用（贾吉明，2017）[217]：一方面，由于产业资本与金融资本相互融合，双方长期的接触与互动加深了彼此的了解，大大降低了信息不对称程度，减少了建立关系及维护关系的交易成本；另一方面，在产融结合过程中需要重复进行诸多有规律性的交易，存在极高的违约成本，这将有效抑制两类资本的投机行为。

总而言之，银行与企业相互持股作为产融结合的一种方式，可以依托信息不对称和交易成本理论对其进行解释。银行是企业最常接触的金融机构，两者之间相互持股的缘由及后果与上述分析类似。出于减少信息不对称和降低交易成本而构建股权关系，能够进一步提升企业的信贷融资可得性，提高银行信贷资源的配置效率，强化企业面临的外部监督力度，促进银行治理系统的完善。

6. 社会资本理论

社会资本的概念由布尔迪厄（Pierre Bourdieu）在20世纪70年代首次提出。科尔曼（James Coleman）于1988年在美国社会学界第一次明确使用了社会资本这一概念。企业社会资本首先由边燕杰和丘海雄（2000）[218]明确提出，他们认为社会资本既是行动主体与社会的一种联系，也体现为通过这种联系获取稀缺资源的能力。企业处在各种各样的联系中，通过联系获取资源的能力就是企业的社会资本。

从契约角度来看，企业的社会资本是一种非正式契约。我们对契约可按其是否正式进行划分，正式契约往往体现为可书面化的规定制度等，非正式契约则是除正式契约以外基于道德、习俗等形成的制度。在经济活动中，不仅正式契约可发挥约束作用,而且广泛的各项非正式契约也能促进交易活动的达成。企业的社会资本能够以更低成本加强企业与各利益相关者之间的信任程度,降低彼此之间的信息不对称,加速信息的传播,帮助企业获得更多依据正式制度难以取得的资源。

根据中国的传统文化,企业的社会资本也就是所谓的"关系"。在完善中国的社会结构中,"人情""面子"与"关系"是关键的社会概念(金耀基,1993)[219]。社会中每个行为主体都是关系网络中的节点,处在错综复杂的社会网络之中,同时不断地衍生出新的社会关系。在转型期的中国,企业制度尚未成熟,监管举措不完善,资源获取存在诸多阻碍。企业为了谋求自身发展,稳固市场地位,会试图与外界建立各类社会关系,取得社会资本。

实际上,银企关系是企业在建立社会关系网络的过程中逐渐形成的一种社会资本,企业通过与银行构建紧密联系获取资源,是经济活动中较为常见的现象。企业希望通过搭建及稳固银企关系,建立更深厚的社会关系,获取银行方面的社会资本,提高自身的市场竞争力,为企业进一步开拓市场提供基础。

延续上文的分析,企业与银行打交道的主要方式是信贷联系,由于信贷资源的不易获取,企业会通过与银行构建长期稳定的信贷关系获得银行的信任,并基于社会关系取得关系贷款。

就银企信贷关系而言,在我国企业"融资难、融资贵"的现状下,企业亟须与银行建立亲密良好的"关系"。依据正常流程,银行需要判断企业的还款能力、抵押品价值等,确定是否批准企业信贷,但是银企之间长久亲密的关系,为银行节省了了解企业内部信息的成本,能够促进企业更快更及时地获取信贷资金。企业构建这种亲密关系的途径有多种:一种是基于原有信贷关系,加深与已建立关系的银行之间的联系,保证企业拥有持续不间断的信贷资金;另一种则是企业与该银行本身不存在信贷关系,企业通过结识银行相关人员或者其他可获取信贷的社会关系,基于一些"人情"争取银行信贷,取得"关系型贷款"。这种信贷资源的取得,体现企业通过自身已有的社会资本,或是重新创建的社会资本,降低企业信贷获取难度。

企业也会通过与银行构建股权联系,加深彼此之间关系的亲密度,以便能够尽快通过贷款申请,尽快获得资金,维持企业经营。企业与银行交叉持股可以将彼此群体的重要信息带给对方,两者的相互结合能够为彼此间建立广泛的联系,双方之间的沟通更为便捷,交流的时间和方式更加灵活,彼此之间的信息更加透明,这也能为企业顺利获取银行信贷提供有效畅通的渠道。

进一步,企业还可以聘请具有银行背景的高管。这些高管本身拥有丰富的银行人脉,也具备坚实的金融知识基础,能够为企业银行信贷融资牵线搭桥,也能够帮助企业减少信贷融资成本,提高信贷可得性。这类银行背景高管所具有的银行业社交网络便是企业在银行系统的一种社会资本。

综上可知,企业的社会资本是一种隐性资本,具有价值,在企业的日常经营中发挥着不可替代的作用。不论是企业与同类企业之间,还是企业与金融机构之间,都会存在广泛的业务联系,如果这些单位之间建立了稳固的社会关系,衍生出足够的信任,那么它们之间的交流成本会降低,企业获取资源的渠道将变得丰富。在处于转轨时期的中国,金融法律制度并不完善,资本市场尚不成熟,银行业市场化改革不够深入,信贷融资过程存在效率低下、手续复杂等问题,企业在与银行等金融机构打交道时不可避免地会受到信贷融资阻碍。但随着改革开放的逐步推进,企业外部融资的需求日益增强,通过正式机制无法及时获取资金,会加剧企业面临的融资约束,因此,企业往往会开发利用"人情""关系"等各类非正式机制,获取各类"软信息",以便捷地获取银行贷款。同时,随着现代企业制度的不断完善,企业也可以通过与银行交叉持股,获取金融资本,或者聘请具有银行背景的高管,获取这类高管的人脉资源。这些社会资本弥补了正式制度的不足,丰富了企业的融资方式,缓解了企业的信贷融资约束。

3.1.2 与银行治理有关的理论基础

1. 委托代理理论的基本观点

在19世纪30年代,贝利(Berle)和米恩斯(Means)首次基于实证研究探讨了两权分离。詹森(Jensen)和麦克林(Meckling)于19世纪70年代,结合以往文献,正式提出了委托代理理论,这个理论认为现代企业当中的管理呈现出了两权分离这样一个明显的特点。具体表现在,企业股权分散的时候,每位股东的持股比例较低,所有股东无法一同参与企业的决策与管理,因此,必须聘请职业经理人,赋予他们相应权力,由他们替股东管理企业,这时,在企业内部,所有权和经营权出现了分离,基于这一原因,企业的委托代理关系诞生。在这一关系中,企业所有者一般是委托方,拥有监督代理人的权力,并对代理人的行为承担风险。与此相对应,代理方一般是企业经营者。两者的委托代理关系主要体现为:一方面,所有者承担企业全部的损失和收益,将管理权赋予代理人,委托代理人经营企业;另一方面,代理人肩负实现企业利润最大化或价值最大化的责任,需要对企业进行经营管理,代替所有者实现企业收益。

基于上述的分析可以看出,委托人与代理人之间很可能由于目标不一致出现利益冲突,同时由于两者间分工的不同,他们之间还可能出现信息不对称的现象。

首先,委托人与代理人之间存在利益冲突。这是由于委托人与代理人都在追求各自的目标,试图实现各自的利益最大化。委托人追求的是企业的利润最大化或价值最大化,关心的是代理人工作的结果,代理人的工作成果影响着委托人的所有者收益。代理人除了需要通过追求企业利润或价值最大化实现更高收入以外,还有其他个人目标的追求,比如薪金以外的收入、办公条件、合理的休假、未来的职业上升空间等。此时,代理人与委托人的目标出现了差异,代理人对个人利益的追逐很可能超过对企业整体收益的追求。

其次,委托人与代理人之间存在信息不对称。代理人是企业经营的实际操作者,委托人无法全面知悉企业和代理人的全部信息,难以对代理人实施有效监督。委托人也无法了解代理人的努力程度,这种信息不对称往往也是企业内部的冲突点。

2. 银行的债权治理

Jensen 和 Meckling(1976)[69]证明企业通过债务融资而非股权融资,有利于缓解管理者与股东的利益冲突,减少代理成本。Jensen(1986)[220]和 Diamond(1984)[28]还发现债务的存在能够通过减少自由现金流,降低企业代理成本。银行为使企业能够按时还本付息,确保贷款资金安全,有动机监督企业经营及财务状况,限定贷款用途,影响企业经营(Shleifer 和 Vishny,1997)[70]。银行主要通过监督借款人、干预借款人经营活动、激励管理者积极性及唤起管理者危机感等方式缓解代理问题(牟卿,2015)[221]。管理者的剩余索取权随银行债权的增加而放大,管理者工作积极性的提升,有助于提高企业治理效率(王满四和徐朝辉,2017)[222]。同时,企业经营不善可能导致债权转移,面临破产与重组的风险,管理者基于自我防御,会约束自身,减少消极行为(Nikolaev,2015)[223]。

3. 银行的股权治理

委托代理关系有两种表现形式,企业所有者与管理者之间的代理关系(第一类代理问题)是基础表现形式,企业大股东与中小股东之间的关系是另一类表现形式,即第二类委托代理问题(郑志刚,2004)[224]。第一类代理关系已于上文进行了详细阐述,在此对第二类代理关系进行解释。

控股股东有动机对企业进行"掏空",控股股东可以依托金字塔形的投资结构或运用交叉持股方式"掏空"企业。当控制权远大于现金流权时,控股股东仅用很小的代价便能从企业获得较多的资源。Shleifer 和 Vishny(1997)[70]认为,控股股东会通过自身权力采取各种方式谋取私利,损害中小股东利益。大股东可以通过不公平的关联交易、抢夺资源等方式掠夺控股公司利益,小股东因为无法承担高昂的监督成本,监管权力有限,监督企业的积极性并不高,有着较强的投机性,所以只能通过"用脚投票"的方式来维护自己的利益,中小股东的"搭便车"行为也会损害企业发展。

随着资本市场的不断完善,企业的股权多元化催生了机构投资者。按照《金融与投资术语词典》的定义,银行属于机构投资者。银行会与其他机构投资股东一样积极参与公司治理(邓莉,2007)[225]。机构投资者有动力通过参与监督企业、提高股票价格提升收益,它能够直接或间接地对企业产生影响力,它的投资目标和远景能够为管理层提供压力或动力,企业的实际控制人也有意愿迎合机构投资者的需求,机构投资者参与能够有效解决第二类委托代理问题(吴晓晖和姜彦福,2006)[226]。

4. 银行的代理问题

在银行与企业的关系维系中,值得关注的一点是可能存在的信贷寻租问题。这一现象的原因产生有二:一是我国处于转型期,银行业监管措施不够健全、资本市场不够发达;二是我国银行的公司治理制度不够完善,无法推动银行有效信贷配置。关于外部环境对信贷寻租的影响机理本章3.1.1部分已进行了分析,此处对银行内部的委托代理问题进行理论阐述。

信贷寻租行为的产生源于银行内部的治理问题。银行作为一种金融企业,也存在股东与管理者,银行内部也存在基于两者的委托代理问题。当银行的内控制度不够健全,对管理者激励与约束不足时,银行的股东与管理者之间也存在着逆向选择与道德风险。银行高管的薪酬同样取决于信贷业绩的好坏,为了取得更多的个人收益,银行高管很有可能放松信贷获批标准,或者为部分"关系户"大开方便之门,造成了银行的信贷寻租。

3.1.3 与现金流操控有关的理论基础

企业内部的现金流操控现象属于委托代理问题的一种表现形式。企业进行现金流操控往往是基于匹配动机、融资动机、获取管理者自身收益动机及迎合监管动机。匹配动机是指上市企业为了使财务报表其他指标与经营性现金流指标相互匹配和协调,减少报表使用者对会计信息质量的质疑,有动机对经营活动产生的现金流进行操控,使企业整体的报表指标更为协调。融资动机是指上市企业往往需要通过股权或债权在资本市场进行融资,融资机构需要审查包含现金流在内的相关指标,除去专业的融资机构,资本市场中其他的投资者也会关注企业的现金流数据,此时,企业为了顺利融资,获得更高的发行价格,有动机操控现金流指标,美化企业现金流。获得管理者自身收益动机是指由于两权分离,企业的所有者需要对代理者提出包含现金流在内的相关业绩指标要求,并将这些指标与管理者的个人收益相联系,管理者为了个人收益最大化,有动机操控现金流。迎合监管动机是指现金流作为一个重要的财务指标,会受到监管部门的重点关注,一旦现金流的相关数据出现异常,便会引来监管部门的调查,影响企业的声誉和正常的生产经营活动,为了避免这一现象的出现,管理者出于躲避风险的动机,会运用一些手段将现金流数据控制在适度的范围内。

综上所述,由于现代企业制度的建立,企业出现了委托人与代理人,委托人与代理人职责与目标的差异产生了委托代理问题。作为代理问题表现之一的现金流操控,也会受到企业内部和外部的各种制度约束,银企关系的构建为企业带来了债权治理、股权监督和丰富的社会资本当股权监督等要素能够有效约束企业的投机行为时,企业的现金流操控会减弱;反之,当这些监督减弱,甚至银企之间相互勾结时,银行对企业的监督失效,会强化企业的现金流操控。

现金流操控是代理问题的一种表现形式,基于上文分析,企业管理者会出于匹配动机、融资动机、获取管理者自身收益及迎合监管动机进行现金流操控,美化企业的现金流运营结果。管理者现金流操控的初衷是获取私利,管理者会衡量操控成本与收益,实现收益最大化。

3.2　研究框架

建立研究框架需要以核心概念为基础,本书将银企关系界定为银企信贷关系、银企股权关系、银企高管关系以及叠加关系,其中,叠加关系为银企信贷关系和银企高管关系叠加,银企信贷关系和股权关系叠加,银企信贷关系、银企股权关系和银企高管关系叠加。本书运用张俊瑞等(2007)[11]对现金流操控的定义,界定现金流操控为:从会计学视角来看,现金流操控是指公司高管基于融资和谋利等动机,通过会计判断、构造交易等手段对现金流的相关信息进行披露管理;从财务学视角来看,现金流操控是指公司管理层联合大股东和各利益相关者在各自利益的驱使下,通过股利分配、再融资等手段操控公司的现金流,对公司的中小股东进行利益协调以及财富转移等行为。本书基于银企关系和现金流操控的含义,对两者之间的影响及作用机理进行分析论证。

同时,银企关系作用的发挥离不开企业内部和外界环境的影响,企业内部环境主要体现为股东、董事会等内部公司治理因素,外界环境主要是指整体宏观环境及具体相关政策。本书所述的公司治理主要指企业内部治理结构。本书选择公司治理和宏观经济形势,探究当企业处于不同内外情境时,银企关系对现金流操控的作用。其中,选择股权性质、董事长兼任总经理和高管薪酬作为公司治理的衡量指标,选择经济政策不确定性和货币政策宽松度作为宏观经济形势的衡量指标。

本书以交易成本理论、信息不对称理论、融资约束理论、社会资本理论和委托代理理论为核心指导理论。首先,依据信贷寻租理论,分析论证银企信贷关系强度对现金流操控的影响。其次,依据产融结合理论,分析论证银企股权关系强度对现金流操控的影响。再次,依据信贷寻租理论,分析论证银企高管关系强度对现金流操控的影响。最后,以上述理论为指导,检验叠加关系,即银企信贷关系和银企高管关系叠加,银企信贷关系和银企股权关系叠加,以及银企信贷关系、银企股权关系和银企高管关系叠加对现金流操控的影响,并且进一步基于公司治理和宏观经济形势分组检验两者关系。

本书的研究框架图如图 3.2 所示。

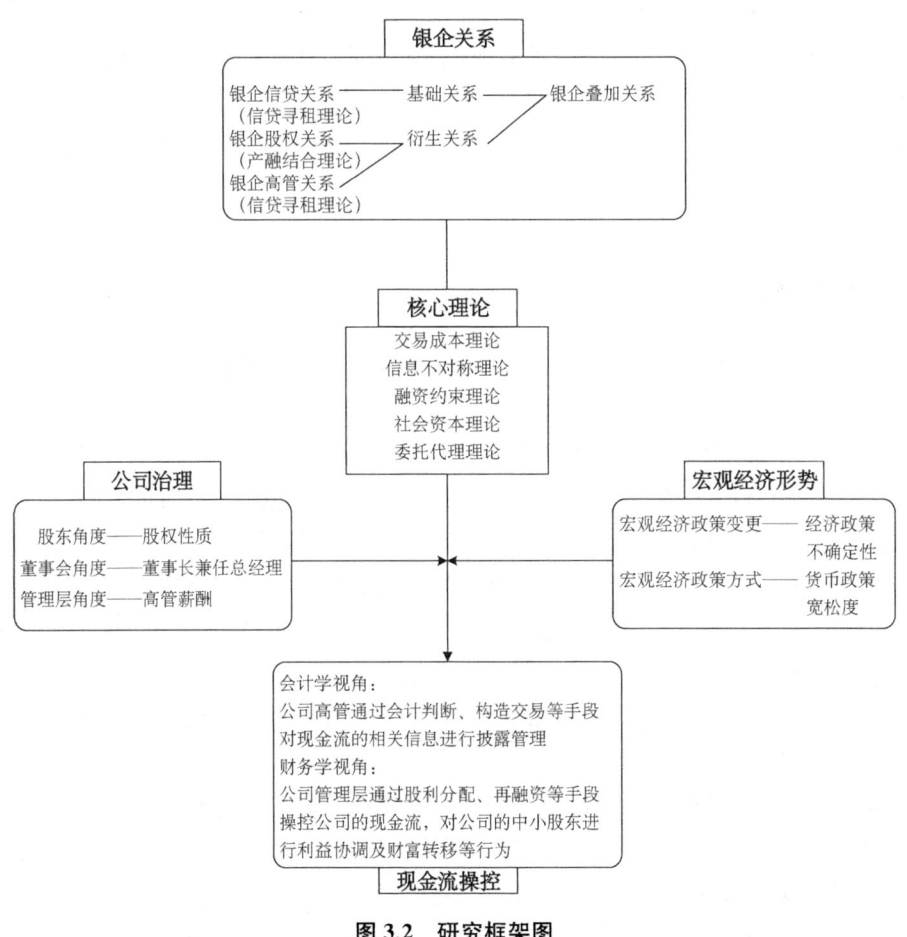

图 3.2　研究框架图

第4章　银企信贷关系与现金流操控

前面章节已对银企信贷关系与现金流操控的含义进行了界定,对银企信贷关系的建立、银行作用的发挥以及现金流操控的产生进行了理论基础的梳理。那么,信贷关系作为银企关系最基础的表现形式,对现金流操控会产生何种影响? 以下将从理论上分析银企信贷关系对现金流操控的作用,并对两者关系进行实证检验。同时,分组检验不同公司治理情境和宏观经济形势下,银企信贷关系对现金流操控的作用变化。

4.1　研究假设

尽管目前的多数研究认为银行能够有效发挥债权人的治理作用(Diamond,1984;罗付岩,2019)[28, 23],如监督企业的报表编制和日常运营,以确保借款能够及时收回,但银企信贷关系的紧密是一把"双刃剑",也会削弱银行对企业的监督。

首先,企业与银行间存在信贷寻租的可能。银行从信贷额度中扣除的非正常费用,以及在账外向借款人收取的高额利息,构成了企业信贷寻租活动产生的成本(谢平和陆磊,2005)[227]。随着我国经济制度的演进,银行拥有了国家赋予的资金和权力,逐渐取代政府财政部门成为企业的主要资金提供者,在信贷市场中处于垄断地位。尽管银行面临着利率等方面的监管,但为了获得规则外利益,银行会规避监管,并基于其垄断地位向企业设租(朱凯和陈信元,2007)[228]。银行受到来自政府的利率和信贷配给的干预,商业化经营和利率市场化转变缓慢,无法通过利率杠杆吸引储户,且信贷市场长期供不应求,企业难以获取贷款,因此,企业会有目的地建立银企关系,更为便利地游说、疏通乃至贿赂银行信贷主管人员,导致贷款市场寻租行为盛行(董玉飞等,2003)[214]。可见,企业的银行信贷活动存在灰色地带,并非完全遵守信贷规则,银企关系越密切,越易滋生银企间的寻租行为。银行不再是单纯的融资机构,在寻租心理驱使下,银行对企业的监督功能减弱。

其次,企业与银行的信贷中充斥着大量关系贷款。在中国,银行信贷是企业主要的外部融资渠道。但信贷资源的分配不均衡使很多优质企业难以获得银行支持。为了实现企业的进一步发展和扩张,企业家有动机与银行及银行人员保持长久稳定的关系,以取得关系型贷款。在此过程中,银行获得企业的大量"软信息",增加对企业的信任,容易授予企业信贷资源。但是这种基于长期合作构建的亲密关系也可能使银行对企业更为宽容,放松对企业的债权监管。已有研究表明,银行大股东为了获取更多关联贷款,会削弱对银行高管的监督,从而弱化对借款企业的债权治理(张敏等,2012)[229]。

此外,企业与银行信贷关系的建立与发展根植于中国人的"关系"文化土壤。在我国的社会背景下,企业想要取得银行信任,获得贷款,除了提供会计信息之外,还需要做大量的"人情"工作并建立"关系",借贷双方可能因为情感因素而促进信任(罗家德和叶勇助,2007)[230]。基于"关系"视角,债权双方可从两方面加深信任:一是通过"关系"收集充分信息,加深彼此的了解;二是"关系"意味着双方处于一个共同的"圈子"内,成为利益共同体(雷宇和杜兴强,2011)[231]。银企之间信贷关系的建立与维护过程中充斥着"人情"和"关系",银行对企业不再仅仅扮演债权监督者的角色,利益的相互牵制、长久的亲密关系很容易促使银行与企业出于相同的利益目标进行规则外的合作,银行对企业的债权治理作用被削弱。

最后,银行存在"套牢"企业的动机。银企长期关系的建立,促使银行可以基于对企业信息的充分掌握而"套牢"企业(Sharpe,1990;Rajan,1992)[232-233],提高信贷利息费用,缩减对企业的投资,阻碍公司发展(Weinstein和Yafeh,1998)[135],企业增加建立关系的银行数目可以缓解以上问题,但这又会增加企业的交易成本(何韧,2005)[96]。此外,与企业建立关系的银行数量越多,表明企业无法从少数银行获得有效支持,转而被迫寻求更多的银行支持,也意味着企业需要花费更多的成本来维持这种关系,不利于企业成长(何韧和王维诚,2009)[34]。此外,我国企业目前存在"融资难""融资贵"的问题,银行在信贷活动中违规收费、强制捆绑销售等行为较为普遍。可见,企业存在被银行"套牢"的风险,银企信贷关系引发的"套牢"风险不利于企业的日常运营和长远发展,使企业经营重心会偏向处理与银行之间的信贷关系,无法集中精力治理企业,银行也无法有效发挥债权治理效应。

基于以上分析可见,在银企构建信贷关系并保持密切信贷关系的情况下,银行对企业发挥债权监督作用,为企业带来融资便利性,银企间也容易滋生"规则外"的行为。由于"关联贷款""人情""关系"及"套牢风险",银行的债权监督功能会弱化。但本书认为,就现阶段我国处于转型时期的国情而言,银行债权监督弱化现象可能更甚,企业与银行在权衡成本与收益后会作出最合适生存的策略。

一方面,当前我国正处于转型期,企业普遍存在融资困难,取得持续资金支持、维持企业运营、稳定企业收益是第一要义。与资金链断裂的风险相比,通过投机行为与银行构建密切的信贷关系所获取的信贷资源收益,要远远大于企业为此花费的成本和会计信息质量降低对企业的不利影响。同理,银行作为金融企业,拥有稳定客户是保持收益的基础,大型国有银行有政府兜底,拥有稳定的存贷款资源(Hachem 和 Song,2016)[234]。更多的股份制银行、城市农商行面临着激烈的客户竞争,希望能够与企业保持紧密联系,甚至相互捆绑,它们如果出于收回贷款的目的,对企业实施严格的债权监督,很可能会失去客户,无法取得信贷收益,在一定程度上,降低监督力度的同时维持稳定客户,成为它们的一种策略。

另一方面,在我国这样的人情社会中,银企之间的非正式机制能够有效弥补正式制度的不足,促进经济发展(Allen 等,2005)[235],在某些情况下非正式机制还能为银企之间的业务往来增加便利、提高办事效率,其作用甚至能够超过正式制度。在当前非正式机制与正式制度相互融合的情形下,银行对企业实施严格的债权监督,很可能使烦琐复杂的银企业务无法被高效处理,降低银行信贷资源配置效率。

基于上述原因,银行与企业均有意图维持长久密切关系,或者延续原有业务,抑或通过非正式机制搭建新的关系。关系贷款金额越大,贷款期限越久,银企间信贷关系越密切,银行设租的可能性越大,关系型贷款的比例越高。"人情关系"更紧密时,银行内部治理的质量会相对下降,对企业的关注会减弱,无法有效监督企业并发挥对企业的治理作用,这为管理层舞弊提供了机会。

根据委托代理理论,管理层与所有者的利益并不一致,管理层总是试图通过各种手段达成契约要求,以获得更高薪酬。现金流操控是管理层的手段之一,利用现金流操控可以获取控股股东的控制权收益、达成业绩考核目标、配合盈余管理或财务造假、获取银行等债权人贷款(尹彦力和刘名旭,2010)[17]。随着银企信贷关系的愈发密切,企业的外部治理水平逐步降低,管理层现金流操控的惩罚成本降低,因为这一行为无法受到有效的监督。此外,银行也可能基于与企业的共同利益,成为企业进行现金流舞弊的合伙人,默许或配合企业的现金流操控行为,为银企间利益输送提供渠道。这些都会助长企业的现金流操控行为。

图 4.1 展示了银企信贷关系与现金流操控分析论证。

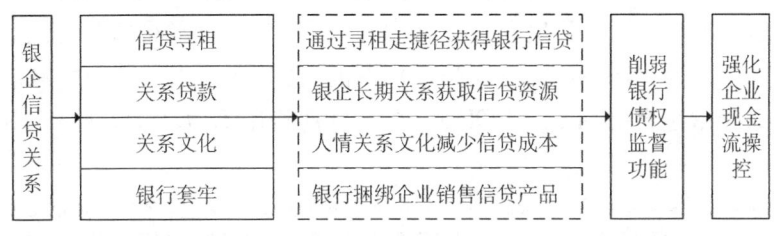

图 4.1　银企信贷关系与现金流操控分析论证图

基于以上分析,本书提出假设 H1。

H1:银企信贷关系强度与现金流操控正相关。

4.2 研究设计

4.2.1 样本选择与数据来源

本书选取 2008—2019 年 A 股上市公司为样本①,并对数据作以下处理:①剔除 ST 股及金融类样本;②剔除在当年未上市的企业;③剔除数据缺失样本;④对连续变量在 2% 和 98% 分位上进行缩尾处理(Winsorize),共得到 23 385 个观测值。本书运用 STATA15.0 对数据进行处理和运算。本书所需财务数据、公司治理数据、银行持股企业数据、高管银行背景数据均来自国泰安数据库,企业持股银行数据来自万得数据库。

4.2.2 变量定义

1. 银企信贷关系强度 *BANKXD* 的测度

借鉴何韧和王维诚(2009)[34]、罗付岩和赵佳星(2017)[236]的研究,本书对银企信贷关系强度的测度基于签约银行贷款金额加权的贷款期限。一般来说,银企之间建立关系的期限越长,贷款金额越高,银企关系越紧密。

2. 现金流操控 *UFO* 的测度

基于前文的论述,本书借鉴孟艳玲和张俊瑞(2010)[65]的研究,选择李彬等(2009)[64]的研究中对现金流操控的度量模型。

3. 控制变量的测度

借鉴郭慧婷等(2015)[13]的研究,本书控制了上市公司的董事会规模 *BOARD*、独立董事占比 *ENDEP*、债务水平 *LEV*、盈利能力 *ROA*、公司规模 *LNSIZE*、股权集中度 *TOP*、成长性 *GROWTH*、每股收益 *EPS* 和账面市值比 *MB*。为了更好地检验银企信贷关系对现金流操控的影响,考虑到不同盈余管理手段之间可能相互影响(吴秋生等,2018;吴秋生和马文琪,2021)[237,66],其他盈余管理方式可能影响到现金流操控,因此,借鉴周夏飞(2017)[238]的研究,本书在回归中控制应计盈余管理 *AM*、异常生产费用 *E_PROD*、异常酌量性费用 *E_DISP*。此外,其他银企

---

① 为了更清晰地观察银企关系对现金流操控的作用及影响机理,研究银企信贷关系、银企股权关系、银企高管关系及叠加关系对现金流操控的影响应基于同一期间,由于国泰安数据库(CSMAR)中高管关系数据始于 2008 年,因此,本书研究期间设定为 2008—2019 年。

关系的存在也可能影响银企信贷关系作用的发挥,因此,还需要控制是否存在银企股权关系 *GQLX* 和是否存在银企高管关系 *GGLX*,以期取得稳健可靠的实证结果。

董事会规模 *BOARD* 以董事人数对数来表示;独立董事占比 *ENDEP* 以独立董事人数与董事人数的比例来表示;债务水平 *LEV* 以资产负债率表示;盈利能力 *ROA* 以净资产收益率表示;公司规模 *LNSIZE* 以公司资产取对数表示;股权集中度 *TOP* 以第一大股东持股比例表示;成长性 *GROWTH* 以营业总收入增长率表示;每股收益 *EPS* 以净利润与总股数的比例表示;账面市值比 *MB* 以资产与市值的比例表示。

本书对应计盈余管理 *AM* 的测度借鉴修正的琼斯模型[1](Dechow 等,1995)[7],对异常生产成本 *E_PROD* 和异常酌量性费用 *E_DISP* 的测度借鉴 Roychowdhury(2006)[63]的模型[2]。对"是否存在银企股权关系"*GQLX* 以"银行持股企业"或"企业持股银行"表示;对"是否存在银企高管关系"*GGLX* 以"企业董监高是否具有银行背景"表示。关于银行的含义,参照王善平等(2011)[44]和罗付岩(2016)[121]的研究,本书定义在银企股权关系及银企高管关系中涉及的银行包含国有商业银行、四大资产管理公司、城市商业银行、城市或农村信用社以及银行系的基金公司[3]。变量定义如表 4.1 所示。

表 4.1 变量定义表

	变量名称	变量符号	计算方法
因变量	现金流操控	*UFO*	依据 4.2.2 所述模型计算
自变量	银企信贷关系强度	*BANKXD*	签约银行贷款金额加权的贷款期限

---

[1] TA_t 为 t 年的应计利润,$TA_t = NI_t - CFO_t$,其中 NI_t 为 t 年净利润,CFO_t 为 t 年经营现金净流量;ΔS_t 为 t 年的主营业务收入与 $t-1$ 年的主营业务收入之差;ΔREC_t 为 t 年的应收账款净额与 $t-1$ 年的应收账款净额之差;PPE_t 为 t 年的固定资产原值。对模型 4.1 分年分行业进行回归,求出残差的绝对值即为本书所需的应计盈余管理。

$$\frac{TA_t}{A_{t-1}} = \beta_0 + \beta_1\left(\frac{1}{A_{t-1}}\right) + \beta_2\left(\frac{\Delta S_t - \Delta REC_t}{A_{t-1}}\right) + \beta_3\left(\frac{PPE_t}{A_{t-1}}\right) + \varepsilon_t \tag{4.1}$$

[2] *PROD* 等于营业总成本与本期存货变动之和,酌量性费用支出 *DISP* 用销售费用与管理费用之和表示。对模型 4.2 和模型 4.3 分年分行业进行回归,取得残差的绝对值作为本书所需的异常生产成本和异常酌量性费用。

$$\frac{PROD_t}{A_{t-1}} = \beta_0 + \beta_1\left(\frac{1}{A_{t-1}}\right) + \beta_2\left(\frac{S_t}{A_{t-1}}\right) + \beta_3\left(\frac{\Delta S_t}{A_{t-1}}\right) + \beta_4\left(\frac{\Delta S_{t-1}}{A_{t-1}}\right) + \varepsilon_t \tag{4.2}$$

$$\frac{DISP_t}{A_{t-1}} = \beta_0 + \beta_1\left(\frac{1}{A_{t-1}}\right) + \beta_2\left(\frac{S_{t-1}}{A_{t-1}}\right) + \varepsilon_t \tag{4.3}$$

[3] 选择银行系基金公司的理由详见第 5.5.2 部分。

	变量名称	变量符号	计算方法
控制变量	董事会规模	*BOARD*	董事人数取对数
	独立董事占比	*ENDEP*	独立董事人数与董事人数的比例
	债务水平	*LEV*	资产负债率
	盈利能力	*ROA*	净资产收益率
	公司规模	*LNSIZE*	公司总资产取对数
	股权集中度	*TOP*	第一大股东持股比例
	成长性	*GROWTH*	营业总收入增长率
	每股收益	*EPS*	净利润与总股数的比例
	账面市值比	*MB*	总资产与市值的比例
	应计盈余管理	*AM*	修正的琼斯模型
	异常生产成本	*E_PROD*	Roychowdhury(2006)的模型
	异常酌量性费用	*E_DISP*	Roychowdhury(2006)的模型
	是否存在银企股权关系	*GQLX*	"银行持股企业"或"企业持股银行",存在其中一种情况取1,否则为0
	是否存在银企高管关系	*GGLX*	"企业董监高具有银行背景"取1,否则为0

4.2.3 模型设计

为了检验银企信贷关系强度与现金流操控的关系,建立模型4.4,*BANKXD* 为银企信贷关系强度,*CONTROL* 为上文中提到的控制变量,包含董事会规模 *BOARD*、独立董事占比 *ENDEP*、债务水平 *LEV*、盈利能力 *ROA*、公司规模 *LNSIZE*、股权集中度 *TOP*、成长性 *GROWTH*、每股收益 *EPS*、账面市值比 *MB*、应计盈余管理 *AM*、异常生产费用 *E_PROD*、异常酌量性费用 *E_DISP*、是否存在银企股权关系 *GQLX* 和是否存在银企高管关系 *GGLX*。本书运用固定效应控制个体效应和年份,进行多元回归分析:

$$UFO_{i,t} = \alpha_0 + \alpha_1 BANKXD_{i,t} + CONTROL_{i,t} + YEAR_t \quad (4.4)$$
$$+ FIRM_i + \varepsilon_{i,t}$$

4.3 实证检验

4.3.1 描述性统计

由表 4.2 可以看出,现金流操控 UFO 的最大值为 0.220,最小值为 0.001,中位数是 0.039,均值是 0.053,均值大于中位数;银企信贷关系强度 $BANKXD$ 的最大值是 3.333,最小值是 0,均值为 0.378,中位数是 0;董事会规模 $BOARD$ 的最大值是 2.565,最小值是 1.609,均值是 2.140,中位数是 2.197;独立董事占比 $ENDEP$ 的最大值是 0.500,最小值是 0.333,均值是 0.372,中位数是 0.333;债务水平 LEV 的最大值是 0.871,最小值是 0.078,均值是 0.448,中位数是 0.444;盈利能力 ROA 的最大值是 0.165,最小值是 −0.161,中位数是 0.034,均值是 0.036;公司规模 $LNSIZE$ 的最大值是 25.020,最小值是 19.960,中位数是 21.980,均值是 22.100;股权集中度 TOP 的最大值是 0.693,最小值是 0.104,中位数是 0.323,均值是 0.345;成长性 $GROWTH$ 的最大值是 1.675,最小值是 −0.459,均值是 0.171,中位数是 0.109;每股收益 EPS 的最大值是 1.825,最小值是 −0.873,中位数是 0.252,均值是 0.332;账面市值比 MB 的最大值是 1.097,最小值是 0.119,中位数是 0.526,均值是 0.552;应计盈余管理绝对值 AM 的最大值是 0.357,最小值是 0.001,中位数是 0.047,均值是 0.071;异常生产成本绝对值 E_PROD 的最大值是 0.826,最小值是 0.002,中位数是 0.065,均值是 0.128;异常酌量性费用 E_DISP 的最大值是 0.274,最小值是 0.001,中位数是 0.035,均值是 0.050;是否存在银企股权关系 $GQLX$ 的最大值是 1,最小值是 0,中位数是 0,均值是 0.108,表明有 10% 左右的样本中存在银企股权关系;是否存在银企高管关系 $GGLX$ 的最大值是 1,最小值是 0,中位数是 0,均值是 0.307,表明有 30% 左右的样本中存在银企高管关系。

表 4.2　回归变量描述性统计

变量	样本量	均值	标准差	p50	最小值	最大值
UFO	23 385	0.053	0.049	0.039	0.001	0.220
$BANKXD$	23 385	0.378	0.741	0.000	0.000	3.333
$BOARD$	23 385	2.140	0.194	2.197	1.609	2.565
$ENDEP$	23 385	0.372	0.049	0.333	0.333	0.500
LEV	23 385	0.448	0.206	0.444	0.078	0.871

变量	样本量	均值	标准差	p50	最小值	最大值
ROA	23 385	0.036	0.055	0.034	−0.161	0.165
LNSIZE	23 385	22.100	1.172	21.980	19.960	25.020
TOP	23 385	0.345	0.147	0.323	0.104	0.693
GROWTH	23 385	0.171	0.366	0.109	−0.459	1.675
EPS	23 385	0.332	0.468	0.252	−0.873	1.825
MB	23 385	0.552	0.257	0.526	0.119	1.097
AM	23 385	0.071	0.075	0.047	0.001	0.357
E_PROD	23 385	0.128	0.170	0.065	0.002	0.826
E_DISP	23 385	0.050	0.054	0.035	0.001	0.274
GQLX	23 385	0.108	0.310	0.000	0.000	1.000
GGLX	23 385	0.307	0.461	0.000	0.000	1.000

4.3.2　实证结果分析

表 4.3 是模型 4.4 的回归结果。第(1)列为模型中全部变量参与回归的结果，可以看出银企信贷关系强度 *BANKXD* 的回归系数为 0.0006，在 5% 的水平上显著为正，第(2)列为模型仅仅保留银企信贷关系强度、应计盈余管理、异常生产成本、异常酌量性费用和其他银企关系时的回归结果，可以看出，银企信贷关系强度 *BANKXD* 的回归系数 0.0005，在 10% 的水平上显著为正。回归结果表明在当前经济环境下，银企信贷关系越密切，银行越易弱化对企业投机行为的监督，现金流操控越厉害，验证了假设 H1。

表 4.3　银企信贷关系强度与现金流操控的回归结果

变量	UFO	
	(1)	(2)
BANKXD	0.0006 **	0.0005 *
	(2.3490)	(1.8429)
BOARD	0.0014	
	(0.4728)	

变量	UFO	
	(1)	(2)
ENDEP	0.0052	
	(0.6219)	
LEV	0.0104***	
	(4.4322)	
ROA	0.0942***	
	(4.6402)	
LNSIZE	−0.0007	
	(−0.4879)	
TOP	0.0012	
	(0.3277)	
GROWTH	0.0058***	
	(7.6228)	
EPS	0.0041***	
	(4.9731)	
MB	−0.0196***	
	(−4.4982)	
AM	0.1687***	0.1686***
	(5.7277)	(6.1889)
E_PROD	0.0148***	0.0168***
	(3.4112)	(4.2337)
E_DISP	0.0586***	0.0816***
	(6.1367)	(7.7976)
GQLX	−0.0009	−0.0013**
	(−1.3432)	(−1.9875)
GGLX	0.0012**	0.0017***
	(2.2842)	(2.9910)
YEAR	Yes	Yes

第 4 章　银企信贷关系与现金流操控

变量	UFO	
	(1)	(2)
Constant	0.0453	0.0316 ***
	(1.3695)	(8.8653)
Obs	23 385	23 385
*Within_R*²	0.115	0.0922

注:本书中括号内分别为 *t* 值;＊ 表示 *p*＜0.1,＊＊ 表示 *p*＜0.05,＊＊＊ 表示 *p*＜0.01;下同。

4.3.3 稳健性检验

1. 替换因变量

本书借鉴 Roychowdhury(2006)[63]对销售操控的度量模型,计算销售操控程度 *UFOS*,用它替换现金流操控变量。表 4.5 第(1)列为这一稳健性检验的回归结果,*BANKXD* 的回归系数为 0.0005,在 10％的水平上显著为正,表明替换现金流操控变量后,前文结论依然成立。

2. 替换自变量和回归模型

本书借鉴罗付岩(2019)[23]的研究,对银企信贷关系强度 *BANKXDS* 用"贷款金额除以总资产"表示,并用它代替主检验中的变量。同时以 *OLS* 混合回归代替固定效应模型,检验其对 *UFO* 和 *UFOS* 的影响。表 4.5 第(2)列和第(3)列为这一稳健性检验的回归结果,在第(2)列中 *BANKXDS* 的回归系数为 0.0023,在 5％的水平上显著为正,在第(3)列中 *BANKXDS* 的回归系数为 0.0018,在 10％的水平上显著为正,表明替换自变量和回归模型后,银企信贷关系强度与现金流操控仍然呈现正相关关系,信贷关系越密切,现金流操控现象越严重。

3. 替换控制变量

将模型(4.4)中股权集中度的度量指标由第一大股东持股比例 *TOP* 替换为前五大股东持股比例 *TOP5*,表 4.5 第(4)列为这一稳健性检验的回归结果,*BANKXD* 的回归系数为 0.0006,在 5％的水平上显著为正,表明替换控制变量后,前文结论依然成立。

4. 去除其他银企关系

模型(4.4)中控制了其他银企关系的存在,稳健性检验中去除对其他银企关系的控制,表 4.5 第(5)列为这一稳健性检验的回归结果,*BANKXD* 的回归系数为 0.0006,在 5％的水平上显著为正,表明去除其他银企关系后,前文结论依然成立。

5. PSM 回归

PSM 方法能够有效地缓解样本自选择带来的内生性问题。为此,本书以董事会规模 BOARD、独立董事占比 DEP、债务水平 LEV、盈利能力 ROA、公司规模 LNSIZE、股权集中度 TOP、成长性 GROWTH 和账面市值比 MB 为测试变量,控制年份,以 XDLX"是否存在银企信贷关系"[①]为因变量进行 Logit 回归,得到每个样本的倾向匹配得分,进行一比四最近邻匹配。从表 4.4 可以发现,PSM 有效地平衡了处理组与控制组变量的差异,匹配后变量的标准化偏差均小于 10%。随后,本书运用匹配后样本对模型(4.4)进行固定效应回归,表 4.5 第(6)列为这一稳健性检验的回归结果,BANKXD 的回归系数为 0.0006,在 5% 的水平上显著为正,表明缓解内生性后,前文结论依然成立。

表 4.4 关于银企信贷关系的 PSM 平衡趋势检验

变量	是否匹配	均值		偏差	偏差减少	t 检验	
		处理组	观察组			t 值	p 值
BOARD	匹配前	2.1272	2.1534	−13.6%		−10.35	0.000
	匹配后	2.1273	2.1277	−0.2%	98.2%	−0.18	0.854
ENDEP	匹配前	0.37452	0.36938	10.5%		8.05	0.000
	匹配后	0.37451	0.37488	−0.8%	92.7%	−0.59	0.556
LEV	匹配前	0.46195	0.43277	14.2%		10.84	0.000
	匹配后	0.46179	0.47042	−4.2%	70.4%	−3.24	0.001
ROA	匹配前	0.03128	0.04017	−16.2%		−12.39	0.000
	匹配后	0.0313	0.03024	1.9%	88.2%	1.45	0.147
LNSIZE	匹配前	22.179	22.013	14.2%		10.85	0.000
	匹配后	22.179	22.207	−2.4%	83.2	−1.82	0.069
TOP	匹配前	0.33461	0.35657	−14.9%		−11.43	0.000
	匹配后	0.33466	0.33488	−0.1%	99.0%	−0.12	0.907
GROWTH	匹配前	0.17643	0.16493	3.1%		2.40	0.016
	匹配后	0.17581	0.17278	0.8%	73.6%	0.62	0.533
EPS	匹配前	0.31257	0.3537	−8.8%		−6.72	0.000
	匹配后	0.31262	0.30934	0.7%	92.0%	0.53	0.594
MB	匹配前	0.56975	0.53341	14.2%		10.83	0.000
	匹配后	0.56959	0.57325	−1.4%	89.9%	−1.08	0.280

[①] 以企业是否与银行签订贷款协议来度量。

表 4.5 稳健性检验(1)—(6)的回归结果

变量	UFOS			UFO		PSM	Heckman
	替换因变量	替换自变量、因变量和模型	替换自变量和模型	替换控制变量	去除其他银企关系		
	(1)	(2)	(3)	(4)	(5)	(6)	(7)
BANKXD	0.0005*			0.0006**	0.0006**	0.0006**	0.0006**
	(1.8921)			(2.3656)	(2.3106)	(2.5102)	(2.3534)
BANKXDS		0.0023**	0.0018*				
		(2.2872)	(1.7620)				
BOARD	−0.0001	−0.0026	−0.0006	0.0010	0.0015	0.0017	0.0013
	(−0.0462)	(−1.4488)	(−0.3295)	(0.3479)	(0.5245)	(0.6131)	(0.4711)
ENDEP	0.0033	−0.0063	−0.0020	0.0051	0.0053	0.0094	0.0051
	(0.4792)	(−0.9234)	(−0.2825)	(0.6131)	(0.6446)	(1.0134)	(0.6168)
LEV	0.0073**	0.0119***	0.0144***	0.0117***	0.0103***	0.0100***	0.0104***
	(2.4087)	(6.1788)	(6.9221)	(4.7120)	(4.3554)	(3.8765)	(4.4388)
ROA	0.0742***	0.1216***	0.1381***	0.0943***	0.0943***	0.0923***	0.0941***
	(5.1353)	(11.2468)	(12.2185)	(4.6133)	(4.6480)	(4.4661)	(4.6430)

	(1)	(2)	(3)	(4)	(5)	(6)	(7)
LNSIZE	−0.0011	−0.0003	−0.0007*	−0.0011	−0.0007	−0.0008	−0.0007
	(−0.8149)	(−0.7105)	(−1.6893)	(−0.8768)	(−0.4840)	(−0.6043)	(−0.4788)
TOP	−0.0013	0.0024	0.0033		0.0014	0.0002	0.0011
	(−0.6213)	(1.2290)	(1.5367)		(0.3920)	(0.0625)	(0.3191)
TOP5				0.0125***			
				(3.1799)			
GROWTH	0.0056***	0.0032***	0.0039***	0.0056***	0.0058***	0.0057***	0.0058***
	(7.2444)	(3.1791)	(3.5879)	(7.5658)	(7.6370)	(6.9199)	(7.6379)
EPS	0.0054***	0.0026**	0.0023*	0.0038***	0.0040***	0.0043***	0.0041***
	(10.8231)	(2.2842)	(1.8855)	(4.7994)	(4.9548)	(5.6426)	(4.9841)
MB	−0.0169***	−0.0177***	−0.0187***	−0.0193***	−0.0196***	−0.0188***	−0.0196***
	(−3.9051)	(−9.9637)	(−9.8226)	(−4.3852)	(−4.5074)	(−4.1702)	(−4.5036)
AM	0.1532***	0.1689***	0.1872***	0.1684***	0.1687***	0.1746***	0.1687***
	(6.6076)	(30.1699)	(30.2609)	(5.7222)	(5.7287)	(6.0583)	(5.7276)
E_PROD	0.0099***	0.0188***	0.0231***	0.0149***	0.0148***	0.0149***	0.0148***
	(4.3443)	(8.0227)	(8.8662)	(3.4613)	(3.4172)	(3.1897)	(3.4146)

（续表）

变量	UFOS			UFO			
	替换因变量	替换自变量,因变量和模型	替换自变量和模型	替换控制变量	去除其他银企关系	PSM	Heckman
	(1)	(2)	(3)	(4)	(5)	(6)	(7)
E_DISP	0.0402***	0.0468***	0.0575***	0.0578***	0.0588***	0.0577***	0.0586***
	(3.9994)	(7.5475)	(8.3606)	(5.9743)	(6.1697)	(6.0453)	(6.1308)
$GQLX$	−0.0020**	−0.0020**	−0.0013	−0.0006		−0.0015**	−0.0009
	(−1.9623)	(−2.1491)	(−1.2898)	(−0.9529)		(−2.0120)	(−1.3546)
$GGLX$	0.0016***	0.0008	0.0010	0.0011**		0.0009	0.0012**
	(3.2776)	(1.3017)	(1.4626)	(2.1414)		(1.5725)	(2.2797)
IMR							4.3245**
							(2.4555)
$YEAR$	Yes	Yes	Yes	Yes	Yes	Yes	Yes
IND	Yes	Yes	Yes				
$Constant$	0.0598**	0.0479***	0.0467***	0.0488	0.0449	0.0461	0.0450
	(2.1470)	(5.5088)	(4.9889)	(1.5219)	(1.3583)	(1.4904)	(1.3613)
Obs	23 385	23 385	23 385	23 385	23 385	22 191	23 385
$Within\_R^2$	0.108	0.145		0.115	0.115	0.118	0.115
Adj_R^2			0.163				

6. Heckman 两阶段回归

Heckman 两阶段模型适用于解决由样本选择偏差造成的内生性问题。由于样本中不是所有企业每年都与银行签订了贷款合同,且有的企业未向外界公开银行贷款详情,因而前文的研究结论可能受到样本自选择偏差引起的内生性问题干扰。为此,本书以贷款金额与总资产比值 BANKXDS、资产负债率 LEV、公司规模 LNSIZE、成长性 GROWTH 和经营现金流与资产比例 CFO 作为影响银企信贷关系建立的因素,同时考虑时间固定效应和个体固定效应计算逆米尔斯比率(IMR);再将其带入模型(4.4)中进行第二阶段回归,结果如表 4.5 第(7)列所示,说明在考虑了样本自选择问题后,本书的研究结论依然成立[①]。

4.4 进一步研究:基于公司治理的分组检验

基于前文分析,本节进一步检验股权性质、董事长兼任总经理和高管薪酬存在差异时,银企信贷关系强度对现金流操控产生的影响。

就股权性质而言,我国国有企业和民营企业与银行的信贷关系大相径庭,这一点从信贷融资能力角度可以看出。①国企往往更容易取得银行贷款(Allen 等,2005)[235],还可以在经营过程中获取更多的政府补贴,具备充足的现金流(余明桂和潘红波,2010)[239]。国有企业由于政府信用的介入,融资能力更强,易于获得更多的信贷资金。②民企由于规模较小,从外部直接融资的信用较低,自身经营风险较高,没有政府做坚强后盾,较难取得资金支持(洪怡恬,2014)[240]。由于资源获取能力的这一差异,民营企业需要花费更大精力维护与银行的紧密程度,加大了企业被"套牢"的风险,银行对企业的监督力度大大减弱,银企关系的紧密性越强,企业盈余管理的空间越大,现金流操纵成本越少,可能加剧现金流操控现象。

就董事会结构而言,企业的领导权结构中存在董事长兼任总经理的情况,会导致企业对管理层的监督弱化(Fama 和 Jensen,1983)[79],两职分离能够提升企业价值,而两职合一则会起到相反作用(Conger 和 Lawler,2009)[241]。董事长兼任总经理会放大总经理在公司内的权力,降低现金流操纵行为的成本,助长其出于私利进行投机行为。由于银企信贷关系的构建与维护是企业与银行通过签订贷款合同、达成业务等实现的,企业董事长兼任总经理时,总经理权力的放大使其通过信贷渠道进行现金流操控受到的约束变小,进而造成银企信贷关系的构建与维护过程中

---

① 由于 IMR 的数值过小,为了在第二阶段中更直观地显现 IMR 的影响,本书对 IMR 的数值进行了一定程度的放大,并未影响 IMR 回归系数的显著性以及整体回归的结果。

企业强化现金流操控。

就高管薪酬激励而言,设计薪酬激励制度的初衷是促使高管能够提高工作效率,更好地服务企业。大量文献探索了会计盈利指标与高管薪酬的关系(Nwaeze等,2006;郭慧婷等,2015)[6, 13],当前我国企业主要以业绩为衡量标准对高管进行薪酬激励,这会促使高管通过操纵盈余达到考核要求(王克敏等,2007)[242]。高管领取较高的薪酬,往往意味着能够高效地达成与企业签订的契约条件,高管也得到了有效的激励。高管薪酬激励不足时,高管通过踏实工作、实现企业长足发展的积极性被削弱,更易滋生操纵业绩的动机,此时,银企信贷关系的密切,现金流操控的隐秘性、与银行合谋的便利性,为高管在薪酬不足的情况下通过操纵现金流提供了机会。因此,高管薪酬较低时,银企信贷关系与现金流操控的正向关系可能更强。

为明确以上分析,本章以"是否国有企业""董事长是否兼任总经理""高管前三名薪酬总额对数"中位数,分组对模型(4.4)进行验证。

由表4.6可以发现,在基于股权性质的检验下,国企样本中 $BANKXD$ 的回归系数并不显著,但民企样本中 $BANKXD$ 的回归系数为0.0012,在1%的水平上显著为正,表明民企中银企信贷关系更密切时,现金流操控更严重。在基于董事长是否兼任总经理的检验下,董事长兼任总经理时,$BANKXD$ 的回归系数为0.0019,在1%的水平上显著为正,董事长不兼任总经理时,$BANKXD$ 的回归系数并不显著,表明董事长兼任总经理、银企信贷关系更密切时,现金流操控更严重。在基于高管薪酬的检验下,高管薪酬较高时,$BANKXD$ 的回归系数并不显著,高管薪酬较低时,$BANKXD$ 的回归系数为0.0011,在5%的水平上显著为正,表明高管薪酬较低时,银企信贷关系加强的同时,现金流操控也更严重。

表4.6 银企信贷关系基于公司治理的分组检验

变量	UFO					
	股权性质		董事长兼任总经理		高管薪酬	
	国企	民企	是	否	高	低
	(1)	(2)	(3)	(4)	(5)	(6)
$BANKXD$	−0.00003	0.0012***	0.0019***	0.0002	0.0004	0.0011**
	(−0.1005)	(2.8771)	(3.4465)	(0.7851)	(1.1830)	(2.0958)
$BOARD$	0.0082**	−0.0043	0.0068	0.0025	0.0054*	0.0033
	(2.4111)	(−1.1814)	(1.0625)	(0.7435)	(1.7412)	(0.6843)
$ENDEP$	−0.0041	0.0081	0.0112	0.0071	0.0198	0.0060
	(−0.3801)	(1.1353)	(0.7900)	(0.6628)	(1.5307)	(0.3979)

变量	UFO					
	股权性质		董事长兼任总经理		高管薪酬	
	国企	民企	是	否	高	低
	(1)	(2)	(3)	(4)	(5)	(6)
LEV	0.0151***	0.0082**	0.0142*	0.0098***	0.0140**	0.0029
	(4.0885)	(2.4369)	(1.8256)	(2.7873)	(1.9977)	(1.2412)
ROA	0.1018***	0.0694**	0.0873**	0.0890***	0.1229***	0.0605***
	(7.6602)	(2.0954)	(2.3693)	(3.9036)	(5.7612)	(3.7609)
LNSIZE	−0.0011	−0.0009	0.0010	−0.0005	−0.0015	0.0037**
	(−0.7140)	(−0.5385)	(0.7300)	(−0.2675)	(−1.4002)	(2.0381)
TOP	−0.0022	0.0083*	−0.0007	0.0004	−0.0026	0.0034
	(−0.3012)	(1.8054)	(−0.1018)	(0.0664)	(−0.3488)	(0.4761)
GROWTH	0.0049**	0.0060***	0.0049***	0.0054***	0.0069***	0.0050***
	(2.5273)	(5.2887)	(3.3196)	(5.4247)	(8.8891)	(4.3576)
EPS	0.0005	0.0095***	0.0082**	0.0041***	0.0029	0.0046**
	(0.4497)	(4.6967)	(2.5675)	(4.2231)	(1.5974)	(2.2679)
MB	−0.0227***	−0.0166***	−0.0119*	−0.0208***	−0.0119***	−0.0286***
	(−3.3211)	(−2.9624)	(−1.9100)	(−3.7136)	(−3.2400)	(−7.6089)
AM	0.1593***	0.1744***	0.2040***	0.1601***	0.1824***	0.1598***
	(5.5860)	(6.0079)	(7.2918)	(5.5327)	(5.6768)	(5.7724)
E_PROD	0.0135***	0.0171***	0.0095	0.0172***	0.0151***	0.0097
	(3.2603)	(3.0407)	(1.0595)	(4.1856)	(3.7814)	(1.4212)
E_DISP	0.0496**	0.0614***	0.0541***	0.0539***	0.0657***	0.0337**
	(2.3352)	(4.9655)	(3.4751)	(4.4931)	(4.4451)	(2.2646)
GQLX	−0.0012	0.0002	−0.0015	−0.0010	0.0017	−0.0020
	(−0.6898)	(0.2012)	(−0.5135)	(−0.8245)	(1.0084)	(−1.0583)
GGLX	0.0020**	0.0010*	0.0010	0.0008	0.0025***	−0.0000
	(2.3035)	(1.6930)	(1.1827)	(1.5528)	(3.3020)	(−0.0089)

变量	UFO					
	股权性质		董事长兼任总经理		高管薪酬	
	国企	民企	是	否	高	低
	(1)	(2)	(3)	(4)	(5)	(6)
YEAR	Yes	Yes	Yes	Yes	Yes	Yes
Constant	0.0459	0.0538	−0.0138	0.0391	0.0461*	−0.0409
	(1.5567)	(1.3743)	(−0.3904)	(1.1219)	(1.7305)	(−0.9020)
Obs	9 373	14 012	5 511	17 874	11 692	11 693
Within_R²	0.108	0.120	0.124	0.111	0.123	0.101

4.5　进一步研究:基于宏观经济形势的分组检验

根据本书 1.4.1 节中关于研究思路的分析,银企信贷关系与现金流操控的关系可能会受到经济政策不确定性和货币政策宽松度的影响。

就经济政策不确定性而言,其可从日常运营、投资及财务风险角度对企业产生影响(高敬忠等,2021)[243],进而影响银企信贷关系对现金流操控的作用。①经济政策不确定性较高时,企业和银行日常经营会受到冲击。面对经济政策的波动,微观主体往往存在规避风险的心理(Stokey,2008)[244]。②在经济政策不确定性较高的时期,企业的融资成本上升(Talavera 等,2012)[245],会导致银行贷款规模萎缩与贷款期限短期化(顾海峰和于家珺,2019)[246],银企信息不对称加剧,银行批准信贷申请的积极性下降(Alessandri 和 Bottero,2017)[247],银行管理层决策更为谨慎(Kim 和 Kung,2017)[248],银企之间的代理成本加剧。③经济政策不确定性较高时,企业偿债能力的不确定性上升(Kim 和 Kung,2017)[248],银行收回贷款的风险增加。基于上述原因,在经济政策不确定性较高时,银行和企业均具有保守心理,银行会减少贷款发放,企业会减少投融资活动。银企信贷关系的维持需要基于信贷活动进行,在经济政策不确定性较高时,为了确保自身日常经营及收益稳定,减少信贷风险,企业有动机美化现金流从而赢得银行信任,获取持续信贷支持,银行为了维持贷款客户,更有动机"配合"关系贷款企业,促使其尽快回款,银企关系对现金流操控的正向影响在经济政策不确定性较高时会被放大。

就货币政策宽松度而言,我国金融市场是典型的银行主导型,企业在金融市场获取的融资主要是银行信贷,企业融资容易受货币政策波动的影响。货币政策宽松度主要影响企业的融资约束和银行的信贷发放。货币政策宽松时,企业现金流充裕,银行信贷标准放松(Borio 和 Zhu,2008)[249]。货币政策紧缩时,企业的外部融资约束增强(孙天琦和张观华,2008;祝继高和陆正飞,2009)[250-251],民营企业的融资约束会随着货币政策变宽松而得到缓解(靳庆鲁等,2012)[252]。因此,货币政策宽松时,企业的融资约束得到缓解,内部现金充足,银行的放贷政策标准放宽,银企间的信贷业务门槛降低,银企间业务量增加,银行对企业的债权监督力度减弱,信贷关系的密切可能强化银企间的信贷寻租,企业的现金流操控现象等投机行为更严重。

为明确以上分析,本章以"经济政策不确定性""货币政策宽松度"中位数,分组对模型(4.4)进行验证。借鉴雒敏和聂文忠(2012)[253]、胡锋和林冰茹(2015)[254]的研究,选择狭义货币供给量的增速 $M1$ 表示货币供给量的变化,货币供应量代表了流通中资金的规模,是金融市场上重要的风向标,货币供应量的增长速度直接反映了央行的货币政策曲线,其增速较快表明货币当局执行较为宽松的货币政策,企业更易获得贷款融资。其中,关于"经济政策不确定性"的测度采用对经济不确定性指数进行月份平均加权的方法,经济不确定性指数是由 Baker 等构建、由斯坦福大学和芝加哥大学联合披露的中国经济政策不确定指数。

由表 4.7 可以看出,基于经济政策不确定性的检验发现,在经济政策不确定性较高的样本中,$BANKXD$ 的回归系数为 0.0009,在 5% 的水平上显著为正。在经济政策不确定性较低的样本中,$BANKXD$ 的回归系数并不显著,表明经济政策不确定性的加强在一定程度上会强化银企信贷关系强度对现金流操控的正向影响。基于货币政策的检验发现,通过将货币政策区分为宽松和紧缩时期,发现货币政策宽松期,$BANKXD$ 的回归系数为 0.0005 在 10% 的水平上显著为正,货币政策紧缩期,$BANKXD$ 的回归系数为 0.0003 并不显著,表明宽松的货币政策会强化银企信贷关系强度对现金流操控的正向影响。

表 4.7 银企信贷关系基于宏观经济形势的分组检验

变量	UFO			
	EPU		M1	
	较高	较低	宽松	紧缩
	(1)	(2)	(3)	(4)
BANKXD	0.0009 **	0.0006	0.0005 *	0.0003
	(2.2922)	(1.3097)	(1.6696)	(1.0677)

变量	UFO			
	EPU		M1	
	较高	较低	宽松	紧缩
	(1)	(2)	(3)	(4)
BOARD	0.0072**	0.0048	−0.0051*	0.0024
	(2.4815)	(1.4590)	(−1.6465)	(0.7290)
ENDEP	0.0224	0.0062	−0.0099	0.0150
	(1.5540)	(0.4174)	(−0.7797)	(1.6312)
LEV	0.0141***	0.0119***	0.0133***	0.0075
	(4.0470)	(7.0752)	(4.9100)	(1.4611)
ROA	0.1071***	0.0674***	0.0884***	0.0971***
	(7.6630)	(12.2710)	(8.8986)	(3.1051)
LNSIZE	−0.0022***	0.0074***	0.0003	−0.0008
	(−2.9584)	(6.6896)	(0.1538)	(−1.0667)
TOP	0.0101***	−0.0050	0.0141***	−0.0074*
	(2.7350)	(−0.5486)	(2.7624)	(−1.8437)
GROWTH	0.0043***	0.0045***	0.0063***	0.0045***
	(3.9545)	(3.8613)	(7.8996)	(4.6667)
EPS	0.0032***	0.0061***	0.0035***	0.0025**
	(4.3648)	(6.8336)	(4.6064)	(1.9970)
MB	−0.0145***	−0.0265***	−0.0212***	−0.0252***
	(−4.2301)	(−9.3364)	(−5.9473)	(−3.7728)
AM	0.1745***	0.1628***	0.1911***	0.1444***
	(11.6892)	(5.2001)	(7.0757)	(4.6358)
E_PROD	0.0138*	0.0145***	0.0153***	0.0149**
	(1.8134)	(7.4229)	(3.3321)	(2.0608)

变量	UFO			
	EPU		M1	
	较高	较低	宽松	紧缩
	(1)	(2)	(3)	(4)
E_DISP	0.0794***	0.0172**	0.0398***	0.0756***
	(5.2616)	(2.0276)	(2.7594)	(3.6757)
GQLX	0.0015***	−0.0026***	−0.0016**	−0.0008*
	(4.7870)	(−4.0778)	(−2.2076)	(−1.6857)
GGLX	0.0011*	0.0013	0.0007	0.0014***
	(1.6882)	(1.4940)	(0.9573)	(2.5933)
YEAR	Yes	Yes	Yes	Yes
Constant	0.0489***	−0.1335***	0.0318	0.0512***
	(2.8992)	(−5.1128)	(0.7202)	(4.0006)
Obs	13 184	10 201	11 180	12 205
Within_R^2	0.114	0.102	0.121	0.111

4.6　本章小结

　　本章以 2008—2019 年 A 股上市企业为样本,采用国泰安和万得等数据库中的数据,进行理论分析并实证检验了银企信贷关系对现金流操控的影响,研究发现,银企信贷关系强度与现金流操控显著正相关,说明银企信贷关系越亲密,银行对企业的债权治理越弱,企业的现金流操控更严重。通过替换因变量、自变量、控制变量和回归模型,剔除其他银企关系,运用 PSM 方法和 Heckman 两阶段回归缓解内生性,银企信贷关系强度与现金流操控的正相关关系依旧很显著。这说明企业应该警惕与银行长久密切信贷关系的背后所隐藏的寻租行为,合理利用"人情关系",防范基于信贷关系产生的"规则外"行为,发挥银行债权监督功能。

　　本章基于公司治理和宏观经济形势的差异,进一步分组检验银企信贷关系对现金流操控的影响。在关于公司治理的分组检验中,研究发现,国有股权性质、董事长与总经理两职分离、赋予高管较高薪酬能够有效遏制银企信贷关系对现金流操控的强化作用。这说明与民营企业相比,国有企业更适合加强银企信贷关系,在获取信贷融资的同时保持银行对企业的债权监督作用。企业也可以通过董事长与总经理两职分离、赋予高管更高薪酬来有效遏制银企信贷关系对现金流操控的强化作用。

在关于宏观经济形势的分组检验中,研究发现,经济政策不确定性较高、货币政策宽松时,银企信贷关系对现金流操控的强化作用更明显。这说明在经济政策不确定性较高时,企业应该加强与银行信贷业务流程的监督力度。货币政策宽松时,企业应该减少非效率投资,预防融资软约束的不良后果,减少现金流操控动机。

第 5 章 银企股权关系与现金流操控

前文已对银企股权关系与现金流操控的含义进行了界定,对银企股权关系的建立、银行作用的发挥以及现金流操控的产生进行了理论基础的梳理。那么,股权关系作为银企关系的衍生形式,对现金流操控会产生何种影响? 以下将从理论上分析银企股权关系对现金流操控的作用,即银行持股企业与企业持股银行对现金流操控的作用,对上述关系进行实证检验,并分组检验在不同公司治理情境和宏观经济形势下,银企股权关系对现金流操控作用的变化。

5.1　研究假设

银行与企业相互持股,实际上是产融结合的一种表现形式。产融结合是指金融机构和产业机构之间的资本互相结合,是金融和非金融类工商企业间通过互相渗透进行合作的行为。

尽管银企信贷关系与银企股权关系均会对企业产生影响,但就现金流操控角度而言,存在很大的区别。首先,区别于银企股权关系需要通过股东层面发挥作用,银企信贷关系基于业务交往,银行和企业彼此间的关系构建和发展更为直接,彼此接触的机会更多,现金流操控更为便捷。其次,当前我国银企相互持股现象尽管有所增加,但尚未达到银企信贷关系的普遍程度,与之相对应,股权关系衍生的"规则外"行为的方式、种类、数量及后果,也无法与银企信贷业务相提并论,这大大压缩了银企基于股权关系进行现金流操控的空间。最后,银企相互持股的主要目的是获取股权收益,银企利益更为一致,银企信贷关系的主要目的是获取(发放)贷款,股东与债权人之间的信息不对称及利益冲突更大。基于上述分析,相比银企信贷关系,银企股权关系对企业更可能发挥治理作用,削弱现金流操控。

此外,尽管银企股权关系可能由于对企业融资约束的缓解(Galai 等,1976;Kroszner 等,2001;Konishi,2002)[255, 196, 256],引发企业的"融资软约束",甚至为银企之间的投机行为提供新的渠道,从而加大银企之间的代理成本,削弱银行的股权治理效应。但是,这些负面作用是银企股权关系建立带来的间接影响,股东参与公司治理的作用则是银企股权关系的直接后果,因此,银企股权关系对企业可能更多地体现为治理作用。本书对银行与企业相互持股对企业产生的治理作用分别从"银行持股企业"与"企业持股银行"两个角度进行分析,具体内容如下。

5.1.1 银行持股企业与现金流操控

银行持股企业,即银行参股企业,成为企业股东。从内部资本市场理论来看,银行持股企业相当于将资本市场监督引入企业内部。银行持股企业有利于降低银企之间的信息不对称程度,遏制管理层的代理问题,促使企业价值最大化目标的实现。

银行持股企业主要可从以下几种路径发挥公司治理功能。

第一,银行持股企业有助于缓解企业的信息不对称(Diamond,1984)[28]。银行通过持股企业,可以基于股东身份,更清晰地了解企业的内部经营情况,企业也可以近距离地了解银行股东的信息,彼此间的信息不对称程度降低。

第二,银行持股企业可以缓解企业的融资约束,降低企业的外部融资成本(Galai 等,1976;Konishi,2002)[255-256]。银行持股企业可能会简化企业的信贷流程,帮助企业取得贷款。此外,银行参股意味着企业经营风险程度较低,可以向外界传递积极信号(蒋艳等,2017)[257],引起金融机构的关注,吸引更多的融资。

第三,银行持股企业使企业的债权人和股东利益趋于一致。银行与股东的利益取向有差异,债权人关注贷款的安全性,而股权投资更看重投资的收益性(王善平和李志军,2011)[44],产生了股权与债权的利益冲突,当银行既是股东,又是债权人时,这种冲突可能会被削弱。Stiglitz(1985)[258]认为,当银行持有公司股份较多,同时拥有公司债权时,会关心公司的整体价值最大化。当银行持股企业时,既可以从信贷角度设定限制性条款约束企业,也可以通过股东身份监督企业,从而有效缓解债权和股权的利益冲突,提高信贷配置效率(王善平和李志军,2011)[44]。可见,银行持股企业可以通过相关机制有效缓解股权和债权的利益冲突,提高公司治理水平,加强企业治理效果。

第四,银行股东也是一种机构投资者。机构投资者能够提升上市公司的综合治理水平(李维安和李滨,2008)[259],提高上市公司的信息披露水平(叶建芳等,2009)[260],减少企业的违规行为(陆瑶等,2012)[261],有效抑制管理层的盈余管理行为(梅洁和张明泽,2016)[262]和避税行为(蔡宏标和饶品贵,2015)[263],降低资本成本(代昀昊,2018)[264]。银行作为机构投资者的重要表现形式之一,也有动力和能力参与持股企业的内部管理,促进企业完善治理机制,提高治理水平。

第五,银行等金融机构参股企业不仅可以给实体企业提供持续资本输血的作用,而且还可以更加有效地发挥金融机构自身的人力资本优势,使更多的专业管理人员能够深入参与企业管理,运用自身专业知识提高企业经营水平。

综上所述,银行持股企业降低了银企之间的信息不对称程度,缓解了企业融资约束,参与了公司治理,为企业带来更专业的金融咨询。现金流操控的动机往往来自达成业绩、获取控股股东控制权收益、获取银行等债权人贷款(尹彦力和刘名旭,2010)[17]。银企间相互持股降低了彼此之间的信息不对称程度,减少了银行与企业相互了解信息的成本,降低监督成本。融资约束的缓解使企业通过现金流操控获取资金的动力减弱。股权债权利益的趋于一致,减少了代理成本,使银行有动力监督企业。银行机构投资者的身份,使银行能够参与公司治理过程,发挥治理作用。银行为企业提供的专业咨询,能够使企业有效避开投资雷区,提高公司治理能力。银行对企业的持股比例越高,持股股东越多,对企业的监督作用越强,越能够有效地约束管理层的自利行为,抑制企业的现金流操控,提高会计信息的可靠性。图 5.1 展示了银行持股企业与现金流操控分析论证。

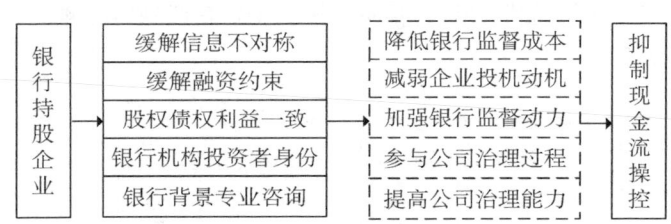

图 5.1　银行持股企业与现金流操控分析论证图

基于以上分析,本章提出假设 H1。

H1:银行持股企业强度与现金流操控负相关。

5.1.2　企业持股银行与现金流操控

企业持股银行也会发挥公司治理功能。企业持股银行,即企业参股或控股银行。当前,我国许多企业通过参股银行业实现产融结合,如德隆集团参股深圳发展银行、神奇集团持股龙里国丰村镇银行。

首先,持有银行股权可以降低银企双方之间的信息不对称程度(Hoshi 等,1991)[138]。企业持股银行,能够拉近企业与银行的距离,降低彼此相互了解的信息成本,深化彼此的了解程度。

其次,企业持有银行股权有利于缓解企业融资约束(郭牧炫和廖慧,2013)[153],主要可从以下方面发挥作用。①企业持股银行可以方便银行观察企业,降低了银行对企业的监督成本,能够激励银行对企业进行贷款。企业也可以通过持股银行,使银行基于非正式关系了解企业更多信息,取得银行信任,放宽对企业的信贷要求,从而获得银行信贷(苏灵等,2011)[173]。②企业持股银行也是对企业的一种隐性担保(贺晓宇和张治栋,2018)[265],能够向银行、其他金融机构及政府传递良好信号,表明企业经营状况良好,有利于企业取得这些机构的信任,取得相应融资和补助,提升企业的融资能力。

最后,企业参股银行可以分享银行利润,使收入多元化,减少绩效波动(郭牧炫和廖慧,2013)[153]。这是因为,我国金融业存在垄断利润,现阶段我国银行业存在行业准入门槛,在此约束下,银行业得以长期保持可观的垄断收益。企业通过参股银行业可借此分得一杯羹,获取垄断股权收益,保持收益的稳定性。

综上所述,可以发现企业持股银行能够降低银企之间信息不对称,帮助企业取得外部融资,减少企业绩效波动。企业持股银行使银企间信息不对称降低,有助于降低对企业的监督成本,提高对企业监督的便利性。缓解融资约束以及获取银行股权收益带来的稳定收益,使企业通过现金流操控获取资金的动力减弱,促使企业通过使银行获取长期收益取得银行信贷资源。企业持股银行与现金流操控分析论证如图 5.2 所示。

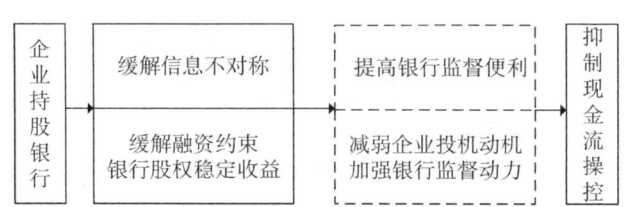

图 5.2　企业持股银行与现金流操控分析论证图

基于以上分析,本章提出假设 H2。

H2:企业持股银行强度与现金流操控负相关。

5.2　研究设计

5.2.1　样本选择与数据来源

本章选取 2008—2019 年 A 股上市公司为样本,并对数据作以下处理:①剔除

ST 股及金融类样本;②剔除在当年未上市的企业;③剔除数据缺失样本;④对连续变量在 2% 和 98% 分位上进行缩尾处理(Winsorize),共得到 23 385 个观测值。运用 STATA15.0 对数据进行处理和运算。本章主研究部分所需财务数据、公司治理数据、银行持股企业数据、高管银行背景数据均来自国泰安数据库,企业持股银行数据来自万得数据库。

5.2.2 变量定义

1. 银企股权关系强度 *BANKGQ* 的测度

在研究银企股权关系对现金流操控的影响时,对银行的范围需要进行明确的界定。参照王善平等(2011)[44] 和罗付岩(2016)[121] 的研究,本章定义在银企股权关系中涉及的银行包含国有商业银行、四大资产管理公司、城市商业银行、城市或农村信用社以及银行系基金公司①。

本章中度量银企股权关系强度的指标基于银行持股企业角度和企业持股银行角度设立。从银行持股企业角度,借鉴罗付岩(2015)[50] 的研究,以上市公司前十大股东中银行股东持股比例总和 *YHCG* 度量银行持股企业强度。从企业持股银行角度,借鉴蔡哲等(2019)[161] 的研究,汇总企业持股非上市银行股权比例和企业参控银行股权比例,如果企业持有多家银行股份,取其最大值 *QYCG* 度量企业持股银行强度。

2. 现金流操控 UFO 的测度

关于现金流操控 UFO 的测度同第 4.2.2 部分中的相同。

3. 控制变量的测度

本章对控制变量的测度同第 4.2.2 部分中的相同,控制了上市公司的董事会规模 BOARD、独立董事占比 DEP、债务水平 LEV、盈利能力 ROA、公司规模 LNSIZE、股权集中度 TOP、成长性 GROWTH、每股收益 EPS 和账面市值比 MB。为了更好地检验银企股权关系对现金流操控的影响,同时控制了应计盈余管理 AM、异常生产费用 E_PROD、异常酌量性费用 E_DISP、是否存在银企信贷关系 XDLX 和是否存在银企高管关系 GGLX。

主要变量定义如表 5.1 所示。

---

① 银行系基金公司也需要考虑在内,是因为它们与相关银行关系密切,在某种程度上可以成为银行的代表。2005 年,工商银行、建设银行和交通银行分别成立了工银瑞信、交银施罗德、建信基金管理有限公司,2007 年及 2012 年中国第二批、第三批银行系基金公司逐渐审批成立,这些性质的公司与其背靠的银行关系密切,受到银行的控制。因此,本书的银行概念需要包含"银行系基金公司"。

表 5.1　主要变量定义表

	变量名称	变量符号	计算方法
因变量	现金流操控	UFO	依据本书第 4 章模型计算
自变量	银行持股企业强度	YHCG	上市公司前十大股东中银行股东持股比例总和
	企业持股银行强度	QYCG	企业持股非上市银行股权比例和企业参控银行股权比例的最大值
控制变量	应计盈余管理	AM	修正的琼斯模型
	异常生产成本	E_PROD	Roychowdhury(2006)的模型
	异常酌量性费用	E_DISP	Roychowdhury(2006)的模型
	是否存在银企信贷关系	XDLX	"企业与银行签约贷款"取 1,否则为 0
	是否存在银企高管关系	GGLX	"企业董监高具有银行背景"取 1,否则为 0

5.2.3　模型设计

为了检验银企股权关系强度与现金流操控的关系,本章建立模型(5.1),*BANKGQ* 为银企股权关系强度,分别为银行持股企业强度 *YHCG* 和企业持股银行强度 *QYCG*,*CONTROL* 为上文中提出的控制变量,包含董事会规模 *BOARD*、独立董事占比 *ENDEP*、债务水平 *LEV*、盈利能力 *ROA*、公司规模 *LNSIZE*、股权集中度 *TOP*、成长性 *GROWTH*、每股收益 *EPS*、账面市值比 *MB*、应计盈余管理 *AM*、异常生产费用 *E_PROD*、异常酌量性费用 *E_DISP*、是否存在银企信贷关系 *XDLX* 和是否存在银企高管关系 *GGLX*。运用固定效应控制个体效应和年份,进行多元回归分析:

$$UFO_{i,t} = \alpha_0 + \alpha_1 BANKGQ_{i,t} + CONTROL_{i,t} \\ + YEAR_t + FIRM_i + \varepsilon_{i,t} \tag{5.1}$$

5.3　实证检验

5.3.1　描述性统计

由表 5.2 可以看出,现金流操控 *UFO* 的最大值为 0.220,最小值为 0.001,中位数是 0.039,均值是 0.053,均值大于中位数;银行持股企业强度 *YHCG* 最大值是

0.010,最小值是 0,中位数是 0,均值是 0.0003；企业持股银行强度 $QYCG$ 最大值是 1,最小值是 0,中位数是 1,均值是 0.680；是否存在银企高管关系 $GGLX$ 的最大值是 1,最小值是 0,中位数是 0,均值是 0.307,表明有 30% 左右的样本存在银企高管关系；是否存在银企信贷关系 $XDLX$ 的最大值是 1,最小值是 0,中位数是 1,均值是 0.552,表明有 55% 左右的样本中存在银企信贷关系。

表 5.2　主要回归变量描述性统计

变量	样本量	均值	标准差	p50	最小值	最大值
UFO	23 385	0.053	0.049	0.039	0.001	0.220
$YHCG$	23 385	0.0003	0.002	0.000	0.000	0.010
$QYCG$	23 385	0.680	0.461	1.000	0.000	1.000
$GGLX$	23 385	0.307	0.461	0.000	0.000	1.000
$XDLX$	23 385	0.522	0.500	1.000	0.000	1.000

5.3.2　实证结果分析

在表 5.3 中,第(1)列为全部变量参与回归时银行持股企业强度 $YHCG$ 对现金流操控的回归结果,第(2)列为模型仅仅保留银行持股企业强度、应计盈余管理、异常生产成本、异常酌量性费用和其他银企关系时的回归结果。可以看出,第(1)列中银行持股企业强度 $YHCG$ 的回归系数为 −0.4467,在 1% 的水平上显著为负,第(2)列中银行持股企业强度 $YHCG$ 的回归系数为 −0.4556,在 1% 的水平上显著为负,表明银行持有企业股权比例越高,企业的现金流操控越弱,银行股东对企业发挥了有效的监督作用。以上回归结果验证了假设 H1。

表 5.3 第(3)列为全部变量参与回归时企业持股银行强度 $QYCG$ 对现金流操控的回归结果,第(4)列为模型仅仅保留企业持股银行强度、应计盈余管理、异常生产成本、异常酌量性费用和其他银企关系时的回归结果。第(3)列中企业持股银行强度 $QYCG$ 的回归系数为 −0.0094,在 1% 的水平上显著为负,第(4)列中企业持股银行强度 $QYCG$ 的回归系数为 −0.0106,在 1% 的水平上显著为负,表明企业持有银行股权比例越高,越能有效遏制企业内部的现金流操控。以上回归结果验证了假设 H2。

表 5.3　银企股权关系强度与现金流操控的回归结果

变量	UFO			
	(1)	(2)	(3)	(4)
YHCG	−0.4467***	−0.4556***		
	(−3.8633)	(−4.9368)		
QYCG			−0.0094***	−0.0106***
			(−3.5628)	(−3.6416)
BOARD	0.0014		0.0015	
	(0.4844)		(0.5220)	
ENDEP	0.0053		0.0052	
	(0.6375)		(0.6349)	
LEV	0.0108***		0.0106***	
	(4.5256)		(4.3713)	
ROA	0.0945***		0.0946***	
	(4.6554)		(4.6739)	
LNSIZE	−0.0007		−0.0005	
	(−0.4837)		(−0.3633)	
TOP	0.0010		0.0013	
	(0.2797)		(0.3706)	
GROWTH	0.0058***		0.0058***	
	(7.7013)		(7.7052)	
EPS	0.0040***		0.0039***	
	(4.9889)		(4.9460)	
MB	−0.0196***		−0.0195***	
	(−4.4891)		(−4.5115)	
AM	0.1686***	0.1686***	0.1683***	0.1682***
	(5.7256)	(6.1882)	(5.7181)	(6.1747)

变量	UFO			
	(1)	(2)	(3)	(4)
E_PROD	0.0148***	0.0168***	0.0149***	0.0171***
	(3.3849)	(4.2002)	(3.4301)	(4.2312)
E_DISP	0.0585***	0.0816***	0.0586***	0.0817***
	(6.1090)	(7.7979)	(6.1319)	(7.8358)
XDLX	−0.0001	−0.0002	−0.0001	−0.0002
	(−0.4161)	(−0.7434)	(−0.3278)	(−0.6122)
GGLX	0.0012**	0.0017***	0.0012**	0.0017***
	(2.3363)	(3.0547)	(2.3293)	(3.0715)
YEAR	Yes	Yes	Yes	Yes
Constant	0.0452	0.0319***	0.0411	0.0315***
	(1.3674)	(8.9926)	(1.2239)	(8.8820)
Obs	23 385	23 385	23 385	23 385
Within_R^2	0.115	0.0923	0.115	0.0927

5.3.3 稳健性检验

1. 替换因变量

本书借鉴 Roychowdhury(2006)[63]对销售操控的度量模型,计算销售操控程度 UFOS,替换现金流操控变量 UFO,由表5.4第(1)列回归结果可以看出,YHCG 的回归系数为−0.4283,在5%的水平上显著为负,由表5.4第(2)列回归结果可以看出,QYCG 的回归系数为−0.0078,在1%的水平上显著为负,表明替换现金流操控变量后,前文结论依然成立。

2. 替换回归模型

主回归中运用固定效应对银企股权关系强度与现金流操控的关系进行检验,此处运用混合回归,控制年份和行业,对新的现金流操控变量进行检验。由表5.4中第(3)列和第(4)列回归结果看出,YHCG 的回归系数为−0.3099,在10%的水平上显著为负,QYCG 的回归系数为−0.0063,在1%的水平上显著为负,表明替换回归模型和因变量后,前文结论依然成立。

表 5.4　稳健性检验(1)—(3)的回归结果

变量	UFOS				UFO	
	(1)	(2)	(3)	(4)	(5)	(6)
	替换因变量		替换模型和因变量		替换控制变量	
YHCG	−0.4281 **		−0.3098 *		−0.4203 ***	
	(−2.4819)		(−1.7610)		(−3.6043)	
QYCG		−0.0079 ***		−0.0063 ***		−0.0093 ***
		(−2.6909)		(−2.8402)		(−3.5707)
BOARD	−0.0001	0.0000	−0.0028	−0.0028	0.0010	0.0011
	(−0.0217)	(0.0136)	(−1.5307)	(−1.5322)	(0.3620)	(0.3952)
ENDEP	0.0035	0.0034	−0.0055	−0.0057	0.0053	0.0052
	(0.5030)	(0.4959)	(−0.8112)	(−0.8460)	(0.6276)	(0.6240)
LEV	0.0076 **	0.0074 **	0.0131 ***	0.0129 ***	0.0121 ***	0.0119 ***
	(2.5726)	(2.4557)	(6.8688)	(6.7866)	(4.8441)	(4.6947)
ROA	0.0744 ***	0.0745 ***	0.1209 ***	0.1214 ***	0.0946 ***	0.0948 ***
	(5.1469)	(5.1261)	(11.1910)	(11.2332)	(4.6282)	(4.6491)
LNSIZE	−0.0011	−0.0009	−0.0003	−0.0003	−0.0011	−0.0010
	(−0.8146)	(−0.7072)	(−0.8301)	(−0.6576)	(−0.8696)	(−0.7334)
TOP	−0.0013	−0.0010	0.0022	0.0022		
	(−0.6246)	(−0.5085)	(1.1114)	(1.0904)		
TOP5					0.0123 ***	0.0124 ***
					(3.0797)	(3.2035)
GROWTH	0.0057 ***	0.0057 ***	0.0034 ***	0.0035 ***	0.0056 ***	0.0057 ***
	(7.4070)	(7.5790)	(3.4053)	(3.4572)	(7.6369)	(7.6092)
EPS	0.0054 ***	0.0053 ***	0.0026 **	0.0025 **	0.0037 ***	0.0036 ***
	(11.0068)	(10.5832)	(2.2358)	(2.1769)	(4.8222)	(4.7913)
MB	−0.0170 ***	−0.0169 ***	−0.0179 ***	−0.0179 ***	−0.0193 ***	−0.0192 ***
	(−3.8820)	(−3.9052)	(−10.1025)	(−10.1231)	(−4.3810)	(−4.3998)
AM	0.1532 ***	0.1529 ***	0.1687 ***	0.1685 ***	0.1683 ***	0.1680 ***
	(6.6111)	(6.5975)	(30.1223)	(30.0594)	(5.7198)	(5.7115)

变量	UFOS				UFO	
	(1)	(2)	(3)	(4)	(5)	(6)
	替换因变量		替换模型和因变量		替换控制变量	
E_PROD	0.0098 ***	0.0099 ***	0.0185 ***	0.0185 ***	0.0149 ***	0.0151 ***
	(4.2964)	(4.3401)	(7.8866)	(7.8984)	(3.4376)	(3.4796)
E_DISP	0.0402 ***	0.0404 ***	0.0463 ***	0.0462 ***	0.0577 ***	0.0578 ***
	(3.9584)	(3.9983)	(7.4611)	(7.4490)	(5.9491)	(5.9724)
XDLX	−0.0003	−0.0003	−0.0019 ***	−0.0018 ***	−0.0000	−0.0000
	(−0.8735)	(−0.8395)	(−3.2263)	(−3.0794)	(−0.2316)	(−0.1306)
GGLX	0.0017 ***	0.0016 ***	0.0008	0.0008	0.0011 **	0.0011 **
	(3.2375)	(3.2905)	(1.2923)	(1.2324)	(2.1888)	(2.1827)
YEAR	Yes	Yes	Yes	Yes	Yes	Yes
IND			Yes	Yes		
Constant	0.0596 **	0.0559 **	0.0493 ***	0.0478 ***	0.0487	0.0446
	(2.1399)	(2.0177)	(5.6643)	(5.4850)	(1.5181)	(1.3727)
Obs	23 385	23 385	23 385	23 385	23 385	23 385
Within_R^2	0.108	0.108			0.115	0.116
Adj_R^2			0.145	0.145		

3. 替换控制变量

将模型(5.1)中股权集中度的度量指标由第一大股东持股比例 TOP 替换为前五大股东持股比例 TOP5,由表 5.4 中第(5)列和第(6)列回归结果可以看出,YHCG 的回归系数为−0.4204,在 1% 的水平上显著为负,QYCG 的回归系数为−0.0093,在 1% 的水平上显著为负,表明替换控制变量后,前文结论依然成立。

4. 替换自变量

前文以"银行持有企业股权比例"和"企业持有银行股权比例"代替银企股权关系强度,从银行持有企业股权角度来看,银行股东的数量 YHGDS 也可以代表银行持股企业强度。从企业持有银行股权角度来看,前文以"企业持有非上市银行"和"参控银行"为数据基础,以持股比例最大值代替企业持股银行强度,此处仅仅以"参控银行"数据为基础,以参控银行股权比例最大值 CKYH 和参控银行数量

$CKYHS$ 代表企业持股银行强度。由表 5.5 回归结果可以看出,第(1)～(3)列为因变量为 UFO 时的回归结果,$YHGDS$ 的回归系数为 -0.0046,在 1% 的水平上显著为负,$CKYH$ 的回归系数为 -0.0094,在 1% 的水平上显著为负,$CKYHS$ 的回归结果为 -0.0052,在 5% 的水平上显著为负。第(4)～(6)列为因变量为 $UFOS$ 时的回归结果,$YHGDS$ 的回归系数为 -0.0049,在 10% 的水平上显著为负,$CKYH$ 的回归系数为 -0.0078,在 1% 的水平上显著为负,$CKYHS$ 的回归结果为 -0.0046,在 5% 的水平上显著为负。表明替换自变量和回归模型后,前文结论依然成立。

表 5.5　稳健性检验(4)的回归结果

变量	UFO			UFOS		
	(1)	(2)	(3)	(4)	(5)	(6)
	替换自变量			替换自变量、因变量和模型		
YHGDS	−0.0046 ***			−0.0049 *		
	(−2.9981)			(−1.8537)		
CKYH		−0.0094 ***			−0.0078 ***	
		(−3.5628)			(−2.7202)	
CKYHS			−0.0052 **			−0.0046 **
			(−2.2260)			(−2.2378)
BOARD	0.0014	0.0015	0.0014	−0.0001	0.0000	−0.0001
	(0.4795)	(0.5220)	(0.4700)	(−0.0270)	(0.0162)	(−0.0350)
ENDEP	0.0053	0.0052	0.0053	0.0035	0.0034	0.0034
	(0.6331)	(0.6349)	(0.6300)	(0.4970)	(0.4967)	(0.4948)
LEV	0.0107 ***	0.0106 ***	0.0107 ***	0.0075 **	0.0074 **	0.0075 **
	(4.5415)	(4.3713)	(4.4710)	(2.5613)	(2.4537)	(2.4949)
ROA	0.0944 ***	0.0946 ***	0.0943 ***	0.0744 ***	0.0744 ***	0.0742 ***
	(4.6522)	(4.6739)	(4.6570)	(5.1442)	(5.1239)	(5.1268)
LNSIZE	−0.0007	−0.0005	−0.0007	−0.0011	−0.0009	−0.0011
	(−0.4836)	(−0.3633)	(−0.4775)	(−0.8172)	(−0.7117)	(−0.8103)
TOP	0.0012	0.0013	0.0012	−0.0011	−0.0010	−0.0010
	(0.3343)	(0.3706)	(0.3457)	(−0.5565)	(−0.5027)	(−0.5216)

变量	UFO			UFOS		
	(1)	(2)	(3)	(4)	(5)	(6)
	替换自变量			替换自变量、因变量和模型		
GROWTH	0.0058 ***	0.0058 ***	0.0058 ***	0.0057 ***	0.0057 ***	0.0057 ***
	(7.7301)	(7.7052)	(7.6879)	(7.4086)	(7.5790)	(7.3964)
EPS	0.0040 ***	0.0039 ***	0.0040 ***	0.0054 ***	0.0053 ***	0.0054 ***
	(4.9854)	(4.9460)	(5.0445)	(11.0081)	(10.5870)	(11.0331)
MB	−0.0196 ***	−0.0195 ***	−0.0195 ***	−0.0169 ***	−0.0169 ***	−0.0169 ***
	(−4.4911)	(−4.5115)	(−4.4905)	(−3.8934)	(−3.9055)	(−3.8950)
AM	0.1686 ***	0.1683 ***	0.1686 ***	0.1532 ***	0.1529 ***	0.1532 ***
	(5.7268)	(5.7181)	(5.7225)	(6.6158)	(6.5987)	(6.6079)
E_PROD	0.0148 ***	0.0149 ***	0.0148 ***	0.0098 ***	0.0099 ***	0.0098 ***
	(3.3996)	(3.4301)	(3.4171)	(4.3275)	(4.3438)	(4.3586)
E_DISP	0.0584 ***	0.0586 ***	0.0586 ***	0.0402 ***	0.0404 ***	0.0404 ***
	(6.1124)	(6.1319)	(6.1381)	(3.9569)	(3.9991)	(3.9843)
XDLX	−0.0001	−0.0001	−0.0001	−0.0003	−0.0003	−0.0004
	(−0.4033)	(−0.3278)	(−0.5241)	(−0.8719)	(−0.8435)	(−0.9237)
GGLX	0.0012 **	0.0012 **	0.0012 **	0.0016 ***	0.0016 ***	0.0016 ***
	(2.3140)	(2.3293)	(2.3290)	(3.2489)	(3.2902)	(3.3201)
YEAR	Yes	Yes	Yes	Yes	Yes	Yes
Constant	0.0451	0.0411	0.0447	0.0595 **	0.0560 **	0.0590 **
	(1.3646)	(1.2239)	(1.3570)	(2.1427)	(2.0207)	(2.1418)
Obs	23 385	23 385	23 385	23 385	23 385	23 385
Within_R^2	0.115	0.115	0.115	0.108	0.108	0.108

5. 去除其他银企关系

模型(5.1)中控制了其他银企关系的存在,稳健性检验中去除对其他银企关系的控制后,由表 5.8 第(1)和第(2)列回归结果可以看出,$YHCG$ 的回归系数为 −0.4412,在 1% 的水平上显著为负,$QYCG$ 的回归系数为 −0.0094,在 1% 的水平上显著为负,表明去除其他银企关系后,前文结论依然成立。

6. PSM 回归

PSM 方法能够有效地缓解样本自选择带来的内生性问题。为此,在银行持股企业的回归中,以董事会规模 *BOARD*、独立董事占比 *DEP*、每股收益 *EPS*、账面市值比 *MB* 和高管前三名薪酬总额对数 *PAY* 为测试变量,控制年份,以"银行是否持股企业"为因变量进行 Logit 回归,得到每个样本的倾向匹配得分,进行一比四最近邻匹配。在企业持股银行的回归中,以董事会规模 *BOARD*,独立董事占比 *DEP*,债务水平 *LEV*,盈利能力 *ROA*,公司规模 *LNSIZE*,股权集中度 *TOP*,成长性 *GROWTH*,账面市值比 *MB* 和审计意见 *YJ* 为测试变量,控制年份,以"企业是否持股银行"为因变量进行 Logit 回归,得到每个样本的倾向匹配得分,进行一比四最近邻匹配。

从表 5.6 和表 5.7 可以发现,PSM 有效地平衡了处理组与控制组变量的差异,匹配后变量的标准化偏差均小于 10%。运用匹配后样本对模型(5.1)进行固定效应回归,由表 5.8 第(3)和第(4)列回归结果可以看出,*YHCG* 的回归系数为 -0.4377,在 5% 的水平上显著为负,*QYCG* 的回归系数为 -0.0091,在 5% 的水平上显著为负,表明缓解内生性后,前文结论依然成立。

表 5.6　关于银行持股企业的 PSM 平衡趋势检验

变量	是否匹配	均值		偏差	偏差减少	t 检验	
		处理组	控制组			t 值	p 值
BOARD	匹配前	2.176	2.1385	19.6%		5.30	0.000
	匹配后	2.176	2.1793	-1.7%	91.1%	-0.34	0.731
ENDEP	匹配前	0.36869	0.37218	-7.1%		-1.95	0.051
	匹配后	0.36869	0.36845	0.5%	93.1%	0.10	0.921
EPS	匹配前	0.23612	0.33552	-21.5%		-5.81	0.000
	匹配后	0.23612	0.23874	-0.6%	97.4%	-0.12	0.907
MB	匹配前	0.55683	0.55222	1.8%		0.49	0.624
	匹配后	0.55683	0.56089	-1.6%	12.0%	-0.31	0.755
PAY	匹配前	13.835	14.262	-58.1%		-16.50	0.000
	匹配后	13.835	13.829	0.8%	98.6%	0.16	0.876

表 5.7 关于企业持股银行的 PSM 平衡趋势检验

变量	是否匹配	均值		偏差	偏差减少	t 检验	
		处理组	对照组			t 值	p 值
BOARD	匹配前	2.1857	2.1357	26.2%		10.75	0.000
	匹配后	2.1857	2.1856	0.1%	99.7%	0.02	0.982
ENDEP	匹配前	0.36663	0.37253	−12.3%		−5.01	0.000
	匹配后	0.36663	0.36636	0.6%	95.0%	0.18	0.858
LEV	匹配前	0.51453	0.4422	36.6%		14.63	0.000
	匹配后	0.51453	0.51427	0.1%	99.6%	0.04	0.967
ROA	匹配前	0.03573	0.03551	0.4%		0.17	0.868
	匹配后	0.03573	0.03561	0.2%	44.8%	0.08	0.937
LNSIZE	匹配前	22.237	22.088	12.7%		5.28	0.000
	匹配后	22.237	22.257	−1.7%	86.4%	−0.53	0.599
TOP	匹配前	0.33892	0.34564	−4.5%		−1.90	0.058
	匹配后	0.33892	0.34318	−2.9%	36.6%	−0.87	0.385
GROWTH	匹配前	0.1417	0.17348	−9.1%		−3.60	0.000
	匹配后	0.1417	0.14525	−1.0%	88.8%	−0.34	0.737
EPS	匹配前	0.34424	0.33119	2.9%		1.16	0.247
	匹配后	0.34424	0.34745	−0.7%	75.4%	−0.22	0.826
YJ	匹配前	0.98504	0.9616	14.6%		5.19	0.000
	匹配后	0.98504	0.98611	−0.7%	95.4%	−0.27	0.784

表 5.8 稳健性检验(5)～(7)的回归结果

变量	UFO					
	去掉其他银企关系		PSM		Heckman	
	(1)	(2)	(3)	(4)	(5)	(6)
YHCG	−0.4411 ***		−0.3219 *		−0.4208 ***	
	(−3.8777)		(−1.6805)		(−3.6249)	

变量	UFO					
	去掉其他银企关系		PSM		Heckman	
	(1)	(2)	(3)	(4)	(5)	(6)
QYCG		−0.0094 ***		−0.0086 **		−0.0093 ***
		(−3.5556)		(−2.3432)		(−3.5926)
BOARD	0.0016	0.0017	0.0157 **	0.0000	0.0043	−0.0003
	(0.5334)	(0.5667)	(1.9934)	(0.0051)	(1.4665)	(−0.0911)
ENDEP	0.0055	0.0054	0.0629 **	−0.0158	0.0173 **	0.0026
	(0.6590)	(0.6555)	(2.0031)	(−1.1810)	(2.0619)	(0.3144)
LEV	0.0107 ***	0.0106 ***	−0.0030	0.0152 ***	0.0121 ***	0.0107 ***
	(4.5026)	(4.3517)	(−0.3889)	(3.5377)	(5.0331)	(4.6548)
ROA	0.0947 ***	0.0948 ***	0.0788 ***	0.1029 ***	0.0945 ***	0.0953 ***
	(4.6755)	(4.6962)	(3.6107)	(4.3798)	(4.6327)	(4.7467)
LNSIZE	−0.0007	−0.0005	0.0042	0.0034	−0.0022	−0.0002
	(−0.4727)	(−0.3481)	(1.4643)	(1.5996)	(−1.5864)	(−0.1282)
TOP	0.0011	0.0014	0.0117	0.0005	−0.0066 *	−0.0001
	(0.3084)	(0.3950)	(0.7679)	(0.0815)	(−1.8694)	(−0.0243)
GROWTH	0.0058 ***	0.0059 ***	0.0072 ***	0.0054 ***	0.0058 ***	0.0058 ***
	(7.6730)	(7.6729)	(4.6305)	(3.9628)	(7.8747)	(7.8282)
EPS	0.0040 ***	0.0039 ***	−0.0002	−0.0016	0.0039 ***	0.0038 ***
	(4.9844)	(4.9433)	(−0.0452)	(−0.6203)	(5.0777)	(4.6387)
MB	−0.0197 ***	−0.0196 ***	−0.0208 ***	−0.0215 ***	−0.0159 ***	−0.0182 ***
	(−4.4992)	(−4.5200)	(−3.3479)	(−3.9563)	(−3.8303)	(−4.0495)
AM	0.1687 ***	0.1684 ***	0.1285 ***	0.1540 ***	0.1683 ***	0.1684 ***
	(5.7272)	(5.7186)	(4.3938)	(5.7797)	(5.7443)	(5.7086)
E_PROD	0.0148 ***	0.0150 ***	0.0060	0.0097 ***	0.0149 ***	0.0147 ***
	(3.3989)	(3.4416)	(0.8676)	(3.9884)	(3.4208)	(3.3861)
E_DISP	0.0586 ***	0.0588 ***	0.1384 ***	0.0651 ***	0.0581 ***	0.0587 ***
	(6.1417)	(6.1663)	(7.4939)	(7.4673)	(6.0574)	(6.2355)
XDLX			0.0036 ***	0.0017 *	−0.0001	−0.0001
			(2.7902)	(1.8630)	(−0.4781)	(−0.8115)

变量	UFO					
	去掉其他银企关系		PSM		Heckman	
	(1)	(2)	(3)	(4)	(5)	(6)
$GGLX$			-0.0011	0.0031	0.0011^{**}	0.0011^{**}
			(-0.7778)	(1.5393)	(2.0483)	(2.2777)
IMR					0.0053^{***}	0.0033^{***}
					(7.7579)	(2.6336)
$YEAR$	Yes	Yes	Yes	Yes	Yes	Yes
$Constant$	0.0449	0.0407	-0.1025	-0.0294	0.0268	0.0380
	(1.3558)	(1.2103)	(-1.2642)	(-0.5844)	(0.7976)	(1.1332)
Obs	23 385	23 385	3 469	6 939	23 385	23 385
$Within\_R^2$	0.115	0.115	0.108	0.0981	0.116	0.116

7. Heckman 两阶段回归

Heckman 两阶段模型适用于解决由样本选择偏差造成的内生性问题。由于样本中不是所有企业每年都与银行存在股权关系,且有的企业未向外界公开银行股权关联,因而研究结论可能受到样本自选择偏差引起的内生性问题干扰。为此,本章在银行持股企业的回归中,选择董事会规模 $BOARD$、独立董事占比 DEP、董事长兼任总经理 $JIANREN$、前五大股东持股比例 $TOP5$、高管前三名薪酬总额对数 PAY、每股收益 EPS、账面市值比 MB 和审计意见 YJ[①] 作为影响变量,"银行是否持股企业"为因变量,控制年份和个体效应,进行第一阶段回归,计算逆米尔斯比率(IMR);再将其带入模型(5.1)中进行第二阶段回归,结果如表 5.8 的第(5)列所示,说明考虑了样本自选择问题后,本章的研究结论依然成立。

同理,在企业持股银行的回归中,同样选择董事会规模 $BOARD$、独立董事占比 DEP、董事长兼任总经理 $JIANREN$、前五大股东持股比例 $TOP5$、高管前三名薪酬总额对数 PAY、每股收益 EPS、账面市值比 MB 和审计意见 YJ 作为影响变量,"企业是否持股银行"为因变量,控制年份和个体效应,进行第一阶段回归,计算逆米尔斯比率(IMR);再将其带入模型(5.1)中进行第二阶段回归,结果如表 5.8 的第(6)列所示,说明考虑了样本自选择问题后,本章的研究结论依然成立。

---

① 审计意见 YJ 取值依据为"标准无保留意见则取 1,否则取 0"(下同)。

5.4 进一步研究:基于公司治理的分组检验

本节基于公司治理对银企股权关系强度与现金流操控的关系进行分组检验,关于公司治理因素的选择见前文分析。

就股权性质而言,国企与民企中银企股权关系对现金流操控的影响可能存在差异。①首先,依据本书第 4.4 部分的分析,国企融资便利性较高,比民企更易获得信贷资源(Allen 等,2005;余明桂和潘红波,2010)[235, 239],相比民企,国企的融资压力更小,国企通过操控现金流获取信贷融资的动机减弱;②其次,银行与企业作为中小股东,享有大股东的剩余股权收益,国企的大股东和直接控制人往往是政府各级国资委或其所属机构和企业(刘行和杨松岩,2021)[266],民企的直接控制人往往是民企或自然人,国企的收益更为稳定。同时,国企中的银行股东更易及时获取股利等股权收益,会间接促使银行致力于对企业进行监督,确保自身收益,起到抑制企业现金流操控的效果;③最后,政府会通过干预国有企业持股银行实现相应政策,国有企业持股银行更多的是一种隐性政府行为,而非企业出于自身成本收益进行的决策(庞欣和王克敏,2020)[162],因此,通过银企相互持股实现收益并非国企首要目的,更多的可能是为了完成政治任务,银企股权关系的加强对现金流操控的抑制作用也就更明显。

就董事会结构而言,董事长是否兼任总经理对现金流操控的影响也可能存在差异。依据第 4.4 部分的分析,董事长与总经理两职分离能够削弱总经理权力,对企业高管产生制约,降低管理层进行投机行为的动力,减少企业的代理成本(Fama 和 Jensen,1983)[79]。董事长与总经理两职分离为银企相互持股治理作用的发挥提供了良好的条件,放大了银企相互持股对现金流操控的抑制作用。

就高管薪酬激励而言,由于银行持股企业时银行股东作为机构投资者可以直接参与公司治理过程,企业持股银行时是需要通过参股银行从侧面缓解融资约束、降低信息不对称程度、获取稳定股权收益、获得治理作用,两者的差别可能使在高管薪酬水平相同情况下,银行持股企业与企业持股银行对现金流操控产生不同的影响。

(1) 从银行持股企业来看,高管薪酬激励是企业重要的激励机制(厉国威和沈晓艳,2020)[267],能够有效发挥治理作用,银行是一种重要的机构投资者,机构投资者能够有效参与公司治理(李维安和李滨,2008)[259],也是股东层面的一种治理机制。两种治理机制存在互补作用,当高管薪酬激励机制的作用较强时,银行股东的治理作用相对削弱,即赋予高管较高薪酬、企业业绩较好时,银行股东可以投入较低的监督成本参与治理,对现金流操控的抑制作用相对减弱;反之,高管薪酬较低时,银行股东需要提高监督力度,对现金流操控的抑制作用更强。

(2) 从企业持股银行来看,给予高管较高的薪酬往往表明高管能够帮助企业取得良好的业绩,高管的努力结果通过财务报表得以展现。高管薪酬较高时,可能是因为企业内部治理结构完善,日常生产及运营良好,具备取得高收益的条件,企业基于高管薪酬与企业绩效挂钩的契约准则,给予高管较高的薪酬。在高管薪酬较高的情况下,企业良好的治理环境促使企业参股银行时,企业持股银行产生的治理作用有效发挥,从而弱化现金流操控,引起企业的绩效真实提升。

为明确以上分析,本节以"是否国有企业""董事长是否兼任总经理""高管前三名薪酬总额对数"中位数,分组对模型(5.1)进行验证。

由表 5.9 可以发现,基于股权性质的检验中,民企样本中 $YHCG$ 的回归系数并不显著,但国企样本中 $YHCG$ 的回归系数为 -0.4281,在 10% 的水平上显著为负,表明国企中银行持股企业的比例越高,对现金流操控的遏制作用越强。基于董事长兼任总经理的检验中,董事长兼任总经理时,$YHCG$ 的回归系数并不显著,董事长与总经理两职分离时,$YHCG$ 的回归系数为 -0.5677,在 1% 的水平上显著为负,表明董事长与总经理两职分离时,银行持股企业的比例越高,对现金流操控的遏制作用越强。基于高管薪酬的检验中,高管薪酬大于中位数时,$YHCG$ 的回归系数并不显著,高管薪酬小于中位数时,$YHCG$ 的回归系数为 -0.6600,在 1% 的水平上显著为负,表明高管薪酬较低时银行持股企业的比例越高,对现金流操控的遏制作用越强。

表 5.9 银行持股企业基于公司治理的分组检验

变量	UFO					
	股权性质		董事长兼任总经理		高管薪酬	
	国企	民企	是	否	高	低
	(1)	(2)	(3)	(4)	(5)	(6)
YHCG	-0.4281*	-0.2148	0.3127	-0.5677***	-0.0490	-0.6600***
	(-1.6484)	(-1.0647)	(0.3813)	(-3.0938)	(-0.1066)	(-3.6828)
BOARD	0.0082**	-0.0043	0.0062	0.0025	0.0054*	0.0032
	(2.3837)	(-1.1741)	(0.9734)	(0.7628)	(1.6976)	(0.6561)
ENDEP	-0.0036	0.0081	0.0093	0.0077	0.0196	0.0062
	(-0.3356)	(1.1421)	(0.6261)	(0.7201)	(1.5346)	(0.4121)
LEV	0.0154***	0.0085**	0.0139*	0.0102***	0.0143**	0.0033
	(4.1415)	(2.5199)	(1.7806)	(2.8467)	(2.0362)	(1.3874)

变量	UFO					
	股权性质		董事长兼任总经理		高管薪酬	
	国企	民企	是	否	高	低
	(1)	(2)	(3)	(4)	(5)	(6)
ROA	0.1020 ***	0.0696 **	0.0872 **	0.0894 ***	0.1232 ***	0.0612 ***
	(7.8916)	(2.0939)	(2.4037)	(3.9224)	(5.8087)	(3.8133)
LNSIZE	−0.0011	−0.0009	0.0008	−0.0004	−0.0014	0.0037 **
	(−0.6728)	(−0.5438)	(0.6019)	(−0.2474)	(−1.3016)	(2.0121)
TOP	−0.0025	0.0082 *	0.0012	−0.0001	−0.0026	0.0023
	(−0.3504)	(1.8069)	(0.1769)	(−0.0246)	(−0.3520)	(0.3159)
GROWTH	0.0050 **	0.0060 ***	0.0049 ***	0.0054 ***	0.0069 ***	0.0049 ***
	(2.5547)	(5.3914)	(3.2754)	(5.4727)	(9.0789)	(4.2851)
EPS	0.0004	0.0095 ***	0.0084 ***	0.0041 ***	0.0028	0.0045 **
	(0.3735)	(4.7003)	(2.6584)	(4.1755)	(1.5771)	(2.2162)
MB	−0.0229 ***	−0.0165 ***	−0.0114 **	−0.0209 ***	−0.0119 ***	−0.0286 ***
	(−3.3282)	(−2.9779)	(−1.9786)	(−3.7049)	(−3.2427)	(−7.4795)
AM	0.1593 ***	0.1744 ***	0.2038 ***	0.1600 ***	0.1823 ***	0.1598 ***
	(5.5846)	(6.0027)	(7.2765)	(5.5329)	(5.6662)	(5.7845)
E_PROD	0.0134 ***	0.0170 ***	0.0097	0.0172 ***	0.0151 ***	0.0097
	(3.1853)	(3.0414)	(1.1186)	(4.1635)	(3.7817)	(1.4195)
E_DISP	0.0498 **	0.0610 ***	0.0537 ***	0.0539 ***	0.0654 ***	0.0338 **
	(2.3229)	(4.9681)	(3.4346)	(4.4294)	(4.4127)	(2.2489)
XDLX	−0.0010 ***	0.0007 *	0.0032 **	−0.0006	−0.0002	0.0006
	(−2.6080)	(1.8593)	(2.2371)	(−1.4478)	(−0.1516)	(0.6903)
GGLX	0.0020 **	0.0010 *	0.0010	0.0008	0.0025 ***	−0.0000
	(2.3510)	(1.6963)	(1.1574)	(1.6133)	(3.2692)	(−0.0208)
YEAR	Yes	Yes	Yes	Yes	Yes	Yes
Constant	0.0448	0.0535	−0.0101	0.0386	0.0447 *	−0.0401
	(1.5111)	(1.3921)	(−0.2890)	(1.1060)	(1.6840)	(−0.8717)
Obs	9 373	14 012	5 511	17 874	11 692	11 693
Within_R^2	0.109	0.120	0.124	0.112	0.123	0.102

注：括号内分别为 t 值；* 表示 $p<0.1$，** 表示 $p<0.05$，*** 表示 $p<0.01$。

由表 5.10 可以发现,基于股权性质的检验中,国企样本中 $QYCG$ 的回归系数为 -0.0109,在 1% 的水平上显著为负,民企样本中 $QYCG$ 的回归系数为 -0.0079,在 1% 的水平上显著为负,但国企样本的回归系数大于民企样本,运用 Bootstrap 进行 100 次抽样,发现两者系数差异显著,表明相比民企,国企中企业持股银行股权比例越高,对现金流操控的遏制作用越强。基于董事长兼任总经理的检验中,董事长兼任总经理时,$QYCG$ 的回归系数为 -0.0062,在 10% 的水平上显著为负,董事长与总经理两职分离时,$QYCG$ 的回归系数为 -0.0088,在 1% 的水平上显著为负,但董事长与总经理两职分离时的回归系数大于董事长兼任总经理时,运用 Bootstrap 进行 100 次抽样,发现两者系数差异显著,表明相比董事长兼任总经理,董事长与总经理两职分离时,企业持股银行股权比例越高,对现金流操控的遏制作用越强。基于高管薪酬的检验中,高管薪酬大于中位数时,$QYCG$ 的回归系数为 -0.0111,在 1% 的水平上显著为负,高管薪酬小于中位数时,$QYCG$ 的回归系数为 -0.0080,在 5% 的水平上显著为负,但薪酬较高样本的回归系数大于薪酬较低样本,运用 Bootstrap 进行 100 次抽样,发现两者系数差异显著,表明相比高管薪酬较低时,高管薪酬较高时企业持股银行股权比例越高,对现金流操控的遏制作用越强。

表 5.10　企业持股银行基于公司治理的分组检验

变量	UFO					
	股权性质		董事长兼任总经理		高管薪酬	
	国企	民企	是	否	高	低
	(1)	(2)	(3)	(4)	(5)	(6)
$QYCG$	-0.0109^{***}	-0.0079^{***}	-0.0062^{*}	-0.0088^{***}	-0.0111^{***}	-0.0080^{**}
	(-2.7542)	(-2.6457)	(-1.8577)	(-3.1903)	(-2.8809)	(-2.3490)
$BOARD$	0.0083^{**}	-0.0042	0.0061	0.0027	0.0053^{*}	0.0035
	(2.4153)	(-1.1651)	(0.9467)	(0.8143)	(1.6836)	(0.7114)
$ENDEP$	-0.0039	0.0079	0.0088	0.0074	0.0193	0.0059
	(-0.3577)	(1.1168)	(0.5952)	(0.6915)	(1.5210)	(0.3958)
LEV	0.0149^{***}	0.0086^{**}	0.0139^{*}	0.0098^{***}	0.0144^{**}	0.0030
	(4.0966)	(2.5315)	(1.7575)	(2.7353)	(2.0481)	(1.1794)
ROA	0.1026^{***}	0.0695^{**}	0.0869^{**}	0.0894^{***}	0.1237^{***}	0.0609^{***}
	(7.8609)	(2.0973)	(2.4143)	(3.9306)	(5.9394)	(3.8563)
$LNSIZE$	-0.0008	-0.0008	0.0009	-0.0002	-0.0013	0.0039^{**}
	(-0.5092)	(-0.4829)	(0.6348)	(-0.1396)	(-1.2556)	(2.0665)

变量	UFO					
	股权性质		董事长兼任总经理		高管薪酬	
	国企	民企	是	否	高	低
	(1)	(2)	(3)	(4)	(5)	(6)
TOP	−0.0019	0.0081 *	0.0004	0.0006	−0.0020	0.0034
	(−0.2825)	(1.8554)	(0.0555)	(0.1071)	(−0.2689)	(0.4903)
GROWTH	0.0050 **	0.0060 ***	0.0049 ***	0.0054 ***	0.0069 ***	0.0050 ***
	(2.5226)	(5.4177)	(3.3179)	(5.5172)	(9.2250)	(4.2926)
EPS	0.0002	0.0095 ***	0.0083 ***	0.0040 ***	0.0027	0.0045 **
	(0.2071)	(4.7046)	(2.7152)	(4.0758)	(1.5422)	(2.1978)
MB	−0.0228 ***	−0.0165 ***	−0.0114 **	−0.0208 ***	−0.0118 ***	−0.0285 ***
	(−3.3389)	(−2.9777)	(−1.9867)	(−3.7282)	(−3.2550)	(−7.5246)
AM	0.1593 ***	0.1740 ***	0.2036 ***	0.1599 ***	0.1824 ***	0.1594 ***
	(5.5913)	(5.9997)	(7.3419)	(5.5151)	(5.6787)	(5.7794)
E_PROD	0.0137 ***	0.0171 ***	0.0096	0.0174 ***	0.0153 ***	0.0098
	(3.2733)	(3.0413)	(1.0751)	(4.1934)	(3.8600)	(1.4351)
E_DISP	0.0503 **	0.0611 ***	0.0538 ***	0.0542 ***	0.0658 ***	0.0338 **
	(2.3679)	(4.9708)	(3.4378)	(4.4978)	(4.3955)	(2.2516)
XDLX	−0.0010 **	0.0007 *	0.0032 **	−0.0006	−0.0001	0.0006
	(−2.5199)	(1.8920)	(2.2476)	(−1.4164)	(−0.1090)	(0.6791)
GGLX	0.0020 **	0.0010 *	0.0010	0.0008	0.0025 ***	−0.0001
	(2.3441)	(1.7117)	(1.1509)	(1.5713)	(3.4278)	(−0.1039)
YEAR	Yes	Yes	Yes	Yes	Yes	Yes
Constant	0.0384	0.0514	−0.0103	0.0340	0.0434	−0.0463
	(1.3162)	(1.3284)	(−0.2920)	(0.9611)	(1.6293)	(−0.9807)
Difference	−0.003		0.003		−0.001	
P_value	0.000		0.000		0.0700	
Obs	9 373	14 012	5 511	17 874	11 692	11 693
Within_R²	0.109	0.120	0.125	0.112	0.123	0.101

注：括号内分别为 t 值；* 表示 $p<0.1$，** 表示 $p<0.05$，*** 表示 $p<0.01$。

5.5 进一步研究:基于宏观经济形势的分组检验

就经济政策不确定性而言,它来自宏观经济政策的波动和实施过程的无法预测,会影响管理层的心理进而影响公司决策。已有研究表明经济政策不确定性会影响企业的现金持有(王红建等,2014)[268]、研发(Bhattacharya等,2017)[269]、高管变更(饶品贵和徐子慧,2017)[270]及企业成本黏性(王菁华和茅宁,2019)[271]。经济政策不确定性较高时,企业与银行面临多变的经济政策,它们的未来发展充满变数,此时银行与企业均存在规避风险的心理,期望保持最基本且更稳定的股权收益,加大监督力度获取更多及更长远收益的意图减弱,对企业的监督作用容易被削弱。

就货币政策宽松度而言,紧缩期时银企相互持股对现金流操控的监督作用可能更明显。货币政策宽松时,银行会增加信贷投放量,但银行风险可能随着信贷的过度投放而上升(董华平和孙勇,2020)[272]。

(1)就银行持股企业而言,货币政策紧缩期时,银行对风险的厌恶程度上升,减少信贷投放量,企业的融资约束加剧,此时银企股权关系的建立及加强对于企业外部融资起到了雪中送炭的作用,企业为了取得银行信任并继续获得贷款,有动力完善公司治理结构,采纳银行股东建议,放大银行股东参与公司治理权限,减少盈余操纵,确保银行股东取得应有的股权收益。因此,货币政策紧缩期时,银行持股企业对现金流操控的抑制作用更强。

(2)就企业持股银行而言,货币政策紧缩期时,企业资金链紧张,对外投资意愿减弱,对于参股银行的积极性降低,且在货币紧缩期参股或控股银行的收益很可能减少,这使得此时企业持股银行对企业产生的融资约束缓解、信息不对称降低的作用被削弱,企业持股银行取得的股权收益缩水,银行也无法对企业保持以往的监督力度,因此,货币政策紧缩期时,企业持股银行对现金流操控的抑制作用更弱。

为明确以上分析问题,本节以"经济政策不确定性""货币政策宽松度"中位数分组,对模型(5.1)进行验证。

由表5.11可以看出,基于经济政策不确定性的检验发现,在较高的样本中,$YHCG$的回归系数并不显著,在不确定性较低的样本中,$YHCG$的回归系数为-0.5347,在5%的水平上显著为负,表明经济政策不确定性较低时银行持股企业对现金流操控的抑制作用更明显。基于货币政策的检验发现,货币政策宽松时期$YHCG$的回归系数为-0.4232,在10%的水平上显著为负,货币政策紧缩时期$YHCG$的回归系数为-0.5793,在1%的水平上显著为负,运用Bootstrap进行100次抽样,发现两者系数差异显著,表明货币政策紧缩期时银行持股企业对现金流操控的抑制作用更明显。

表 5.11　银行持股企业基于宏观经济形势的分组检验

变量	UFO			
	EPU		M1	
	较高	较低	宽松	紧缩
	(1)	(2)	(3)	(4)
YHCG	−0.1209	−0.5347**	−0.4232*	−0.5793***
	(−0.8185)	(−2.0305)	(−1.9128)	(−2.8877)
BOARD	0.0071**	0.0051	−0.0051	0.0024
	(2.4736)	(1.5725)	(−1.6316)	(0.7374)
ENDEP	0.0223	0.0067	−0.0098	0.0151
	(1.5583)	(0.4472)	(−0.7657)	(1.6353)
LEV	0.0145***	0.0122***	0.0136***	0.0078
	(4.1688)	(7.4698)	(4.9142)	(1.5043)
ROA	0.1076***	0.0680***	0.0885***	0.0975***
	(7.5651)	(11.4298)	(8.8525)	(3.1471)
LNSIZE	−0.0022***	0.0073***	0.0003	−0.0008
	(−2.8683)	(6.8316)	(0.1443)	(−1.0441)
TOP	0.0100***	−0.0053	0.0139***	−0.0076*
	(2.6762)	(−0.5816)	(2.6789)	(−1.9241)
GROWTH	0.0044***	0.0045***	0.0063***	0.0046***
	(4.0331)	(3.8838)	(7.7934)	(4.7241)
EPS	0.0031***	0.0061***	0.0035***	0.0025**
	(4.1990)	(7.0212)	(4.6671)	(1.9798)
MB	−0.0146***	−0.0265***	−0.0212***	−0.0253***
	(−4.2229)	(−9.1888)	(−5.9555)	(−3.8030)
AM	0.1741***	0.1629***	0.1912***	0.1443***
	(11.6275)	(5.1841)	(7.0575)	(4.6340)
E_PROD	0.0138*	0.0145***	0.0152***	0.0148**
	(1.8356)	(7.4132)	(3.2851)	(2.0545)

变量	UFO			
	EPU		M1	
	较高	较低	宽松	紧缩
	(1)	(2)	(3)	(4)
E_DISP	0.0787***	0.0172**	0.0399***	0.0755***
	(5.2645)	(2.0099)	(2.7603)	(3.6663)
XDLX	0.0001	−0.0000	0.0002	−0.0001
	(0.4704)	(−0.0548)	(0.4550)	(−0.1564)
GGLX	0.0011*	0.0013	0.0007	0.0015***
	(1.7049)	(1.4981)	(0.9659)	(2.7412)
YEAR	Yes	Yes	Yes	Yes
Constant	0.0484***	−0.1334***	0.0321	0.0519***
	(2.8241)	(−5.2427)	(0.7328)	(3.9728)
Difference				0.156
P_value				0.000
Obs	13 184	10 201	11 180	12 205
Within_R^2	0.114	0.102	0.121	0.111

注：括号内分别为 t 值；* 表示 $p<0.1$，** 表示 $p<0.05$，*** 表示 $p<0.01$。

由表 5.12 可以看出，基于经济政策不确定性的检验发现，在较高的样本中，QYCG 的回归系数为 −0.0104，在 1％的水平上显著为负，在不确定性较低的样本中，QYCG 的回归系数为 −0.0147，在 1％的水平上显著为负，通过 Bootstrap 进行 100 次抽样，发现系数存在显著差异，表明经济政策不确定性较低时企业持股银行对现金流操控的抑制作用更明显。基于货币政策的检验发现，货币政策宽松时期 QYCG 的回归系数为 −0.0130，在 1％的水平上显著为负，货币政策紧缩时期 QYCG 的回归系数为 −0.0061，在 1％的水平上显著为负，通过 Bootstrap 进行 100 次抽样，发现系数存在显著差异，表明货币政策宽松时企业持股银行对现金流操控的抑制作用更明显。

表 5.12　企业持股银行基于宏观经济政策的分组检验

变量	UFO			
	EPU		M1	
	较高	较低	宽松	紧缩
	(1)	(2)	(3)	(4)
QYCG	−0.0104***	−0.0147***	−0.0130***	−0.0061***
	(−4.2414)	(−4.4679)	(−7.3660)	(−4.1951)
BOARD	0.0072**	0.0052	−0.0049	0.0025
	(2.4816)	(1.6030)	(−1.5780)	(0.7610)
ENDEP	0.0222	0.0067	−0.0105	0.0155*
	(1.5779)	(0.4446)	(−0.8231)	(1.7150)
LEV	0.0144***	0.0122***	0.0133***	0.0076
	(4.1382)	(7.2653)	(4.8383)	(1.4829)
ROA	0.1080***	0.0678***	0.0886***	0.0976***
	(7.7146)	(11.3320)	(8.9385)	(3.1386)
LNSIZE	−0.0020***	0.0077***	0.0006	−0.0007
	(−2.6812)	(7.1321)	(0.2902)	(−0.9711)
TOP	0.0097***	−0.0048	0.0141***	−0.0072*
	(2.7173)	(−0.4991)	(2.7968)	(−1.8033)
GROWTH	0.0044***	0.0045***	0.0063***	0.0045***
	(4.1028)	(3.9495)	(7.9875)	(4.6775)
EPS	0.0030***	0.0059***	0.0033***	0.0025**
	(4.2796)	(6.6260)	(4.5942)	(1.9864)
MB	−0.0145***	−0.0263***	−0.0211***	−0.0251***
	(−4.2190)	(−9.0189)	(−6.1898)	(−3.7619)
AM	0.1741***	0.1620***	0.1903***	0.1444***
	(11.6461)	(5.1723)	(7.0251)	(4.6382)

变量	UFO			
	EPU		M1	
	较高	较低	宽松	紧缩
	(1)	(2)	(3)	(4)
E_PROD	0.0139*	0.0150***	0.0156***	0.0149**
	(1.8374)	(7.7343)	(3.4345)	(2.0645)
E_DISP	0.0791***	0.0175**	0.0399***	0.0755***
	(5.3457)	(2.0692)	(2.7402)	(3.6858)
XDLX	0.0001	0.0000	0.0003	−0.0000
	(0.4285)	(0.0642)	(0.4869)	(−0.1053)
GGLX	0.0011*	0.0013	0.0008	0.0014***
	(1.7184)	(1.5657)	(0.9866)	(2.6252)
YEAR	Yes	Yes	Yes	Yes
Constant	0.0446**	−0.1423***	0.0253	0.0493***
	(2.5428)	(−5.6819)	(0.5692)	(3.8551)
Difference	−0.004		0.007	
P_value	0.000		0.000	
Obs	13 184	10 201	11 180	12 205
Within_R^2	0.115	0.103	0.122	0.111

注:括号内分别为 t 值; * 表示 $p<0.1$, ** 表示 $p<0.05$, *** 表示 $p<0.01$。

5.6 本章小结

本章以 2008—2019 年 A 股上市企业为样本,采用国泰安和万得等数据库中的数据,理论分析和实证检验了银企股权关系对现金流操控的影响,研究发现:银企股权关系强度与现金流操控显著负相关,即银行持股企业强度和企业持股银行强度均与现金流操控显著负相关。通过替换因变量、控制变量和自变量、改变回归模型、剔除其他银企关系影响以及 PSM 和 Heckman 两阶段回归缓解内生性的稳健性检验后,结论依然成立。这说明银企股权关系的构建及深入发展,能够有效发挥银行对企业的监督作用,抑制企业的现金流操控。

基于公司治理和宏观经济形势的差异,进一步分组检验银企股权关系对现金流操控的影响。关于公司治理的分组检验中,研究发现,国有股权性质、董事长与总经理两职分离、赋予高管更低薪酬能够有效增强银行持股企业强度对现金流操控的抑制作用,国有股权性质、董事长与总经理两职分离、赋予高管更高薪酬能够有效增强企业持股银行强度对现金流操控的抑制作用。这说明国有股权性质的企业更适合构建银企股权关系,企业可以通过使董事长与总经理两职分离减弱总经理权力,放大银企股权关系对现金流操控的抑制作用,可以通过给予高管更高薪酬增强企业持股银行强度对现金流操控的抑制作用,同时需要警惕薪酬过高削弱银行持股企业强度对现金流操控的抑制作用,合理规划高管的薪酬激励机制。

关于宏观经济形势的分组检验中,研究发现,经济政策不确定性较低时,银行持股企业强度和企业持股银行强度对现金流操控的抑制作用更明显;货币政策紧缩时,银行持股企业强度对现金流操控的抑制作用更明显,货币政策宽松时,企业持股银行强度对现金流操控的抑制作用更明显。这说明在经济政策不确定性较高的时候,银企股权关系对现金流操控的抑制作用被削弱,无法对企业产生有效的监督作用,此时,企业应该及时转换经营策略,保障银企股权关系持续发挥对现金流操控的抑制作用;在货币政策宽松时,可以加大企业持股银行的强度,有效发挥企业持股银行对企业融资约束的缓解等优势作用,更好地监督企业,同时警惕银行因持股企业对企业监督作用的弱化;在货币政策紧缩时,可以增加银行持股企业的强度,有效发挥银行股东的优势作用,发挥其对企业的治理作用,同时警惕企业持股银行对企业监督作用的弱化。

第6章 银企高管关系与现金流操控

前文已对银企高管关系与现金流操控的含义进行了界定,对银企高管关系的建立、银行作用的发挥以及现金流操控的产生进行了理论基础的梳理。那么,高管关系作为银企关系的衍生形式,对现金流操控会产生何种影响? 以下将从理论上分析银企高管关系对现金流操控的作用,并对上述关系进行实证检验。进一步分组检验不同公司治理情境和宏观经济形势下,银企高管关系对现金流操控作用的变化。

6.1 研究假设

本书的银企高管关系主要是指企业聘请曾任或现任银行岗位的人员担任高管,企业与银行之间基于此产生了高管间的关联,搭建起紧密的社会关系网络。

企业是一个生产性资源的集合,具备相应的生产能力和财务资源。企业通过与银行搭建社会网络关系,建立起银行人脉资源,构建彼此间的非正式制度,对于企业的资源配置能够起到举足轻重的作用,最后必然会影响到公司的发展战略与决策。与银行有良好高管关系的企业更容易获得资金支持,通过银企合作可获取更广泛的金融资源。

实际上,银企间高管关系的建立在我国具有普遍性,大约有 47.8% 的民企与银行存在高管关联(邓建平和曾勇,2011)[172]。处于转型期的中国,正式制度不够完善,经济却获得迅猛发展,其中非正式关系机制起到了重要的作用。企业高管具有银行背景可发挥以下作用:

首先,可有助于缓解银企间信息不对称。企业可以通过银行背景高管了解银行信息,也能向银行传递内部信息(黄新建和万会琴,2017)[177]。这种银企关系通过高管降低了银企彼此间的信息不对称,加深了彼此间的了解。

其次,可以缓解企业融资约束,获取更多的债务融资(邓建平和曾勇,2011)[172]。银行背景的高管能够充分利用金融资源,突破企业融资困境,帮助企业取得更多信贷资源（唐建新等，2011）[169]，所以高管具有银行背景的企业资金压力较小。

再次，可以提高企业声誉，能够起到担保的作用。声誉机制能够促进公司不同利益主体的合作（La Porta等，1997）[273]。银行倾向给信誉良好的企业发放信贷资源（孙铮等，2005）[274]，聘请具有银行背景的高管，能够向外界传递企业经营良好的信号，也会增强银行对企业的信任，缓解股东与债权人之间的冲突，对银行起到隐性担保作用（陈仕华和马超，2013）[20]。

最后，可利用金融知识为企业提供咨询服务。具有银行背景的高管往往具备专业的金融知识和实务经验，具有敏锐的投资嗅觉，能够影响企业决策（Byrd和Mizruchi，2005）[164]，帮助企业选择高价值项目进行投资，了解委托理财产品（黄新建和万会琴，2017）[177]，降低企业风险。图6.1展示了银企高管关系发挥监督功能的机制。

图6.1　银企高管关系发挥监督功能的机制

尽管现有的研究支持高管存在银行背景能够缓解银企间信息不对称，缓解企业的债务融资约束，提高企业声誉及为企业带来专业咨询服务，但高管具有银行背景是否有利于其有效监督企业并未取得一致结论。一些学者认为具有银行背景的高管能够有效监督企业，Kaplan和Minton（1994）[189]发现，在日本，聘请具有银行背景的董事，原本亏损的公司业绩出现了改善。高管有银行背景时，公司会计稳健性显著更高（余明桂和王娟，2015）[194]。另一些学者认为，高管银行背景无法有效监督企业。具有银行背景的董事在作出投资决策时更为保守，基于求稳的心态，其更倾向投资低价值的项目，造成投资效率下降（Kroszner和Strahan，2001；Mitchell和Walker，2007；Burak等，2008）[196, 167, 180]，未能体现出监督功能（刘浩等，2012）[170]，甚至加大企业风险（翟胜宝等，2014）[139]。

可见，高管具有银行背景不仅仅会为企业带来优势作用，也可能出现监督失效的不良现象。因此，高管具有银行背景也可能为企业带来负面作用，具体可从以下角度分析：

首先，高管具有银行背景在为公司带来丰厚的关系资源和金融资源、缓解企业债务融资压力时,也可能对公司造成"融资软约束",削弱债权对高管行为的约束效应。企业聘任具有银行背景的高管,可以利用高管的人脉,以较低的成本取得信贷资源,开拓信贷融资渠道,这种优势能够大大缓解高管在位期间的融资压力及企业的偿债压力,降低债权对高管的约束效力。同时,高管具有银行背景,会向外界传递出企业经营状况、信用状况良好的信号,为企业起到隐性担保的作用,由此,债权人对企业具有较高的信任度,对企业投机行为的防范意识减弱,削弱了对企业的监督力度(王旭,2014)[122]。

其次,高管具有银行背景可能增加企业的股权代理成本。由于股东与管理者的两权分离,管理者与股东利益不一致,很可能做出投机行为,损害股东利益,在企业内部产生了股权代理成本。在企业获得大量资金后,管理者与股东利益的不一致,很可能促使管理者将更多资金运用到对自身有利,但于企业是低价值、低回报的项目,降低了企业的投资效率,强化了企业的过度投资(曲进和高升好,2015)[275]。

再次,具有银行背景的高管会将从银行处积攒的一些资源和人脉关系带给企业,在企业中的地位和权力随之上升(邓建平等,2018)[276]。尽管董事会代表股东利益,对管理层进行约束与激励,但在企业实际的经济运行中,股东对管理层权力的约束存在缺陷。例如,管理层会运用自身权力影响薪酬契约(卢锐,2007;吕长江等,2008;权小锋等,2010)[83, 277-288],进行权力寻租,操纵自身薪酬(Bebchuk 等,2002;权小锋等,2010)[279, 278]。可见,聘请具有银行背景的高管,会放大高管权力,企业内部的激励与约束机制很可能无法起到应有的效果,企业的投机行为成本会降低。

最后,企业与银行间存在发生寻租行为的可能性。谢平和陆磊(2003)[280]的调查发现,金融机构的腐败交易普遍存在于经济生活中,企业贷款过程中发生的费用甚至可高达贷款本金的 9%。信贷寻租使银行与企业位于同一战线,银行的债权人角色不再独立,债权治理作用大打折扣。图 6.2 展示了银企高管关系监督弱化的机制。

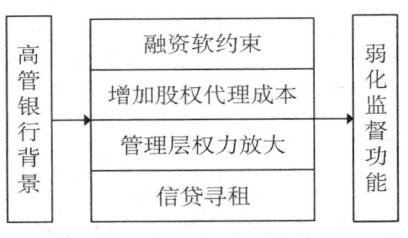

图 6.2　银企高管关系监督弱化的机制

基于以上分析,就现金流操控这类盈余管理行为而言,企业高管具有银行背景既可能强化高管对企业的监督,也可能导致监督弱化。企业会权衡收益与成本,聘请具有银行背景的高管,实现利益最大化(Kroszner 和 Strahan,2001)[196]。本书认为,就现阶段我国处于转型时期的国情而言,监督弱化现象可能更甚。

首先,我国企业普遍存在融资约束问题(吴秋生和黄贤环,2017)[281],多数企业长期处于资金短缺状态,资金链能否持续决定着企业的生死存亡。此时,相比高管具有银行背景对企业带来的监督弱化引起的高管投机行为、投资者利益损害等问题,资金补给显然是企业的首要任务。

其次,我国的国情决定了基于人情获取资源较为常见,是约定俗成的行事规则。"信贷寻租行为"较为常见(谢平和陆磊,2003)[280],这必然会导致大多数情况下企业高管具有银行背景无法对企业财务报表的编制产生长足有效的监督。

再次,不同于银企股权关联对企业带来的影响,银企高管关系更为直接。不论是银行持股企业还是企业持股银行,两者间多数情况下互为参股关系,需要通过相互监督确保利益不受损,且银行对于企业内部盈余操纵的知情程度有限。但企业高管自身便是盈余操纵的行为人(吴秋生等,2018)[237],在自利动机驱使下,会动用自身资源达成契约目标,强化盈余管理行为。

进一步,高管具有银行背景时,企业更容易获取银行信贷(邓建平和曾勇,2011)[172],很可能使得银企利益输送更为便捷,架空企业的约束,企业受到的监督更少,弱化了企业治理水平,或者更倾向于利用银行服务于自身业绩目标,这都可能加剧现金流操控。

最后,我国对投资者保护的力度不足(鲁桐和党印,2012)[282],对财务报表的监督机制并不完善,会计信息质量无法得到有效保障,股市暴雷现象的频发足以证明当前制度的欠缺。高管具有银行背景对企业带来的监督作用缺少滋养的土壤,无法得到有效发挥。图 6.3 展示了银企高管关系与现金流操控的分析论证。

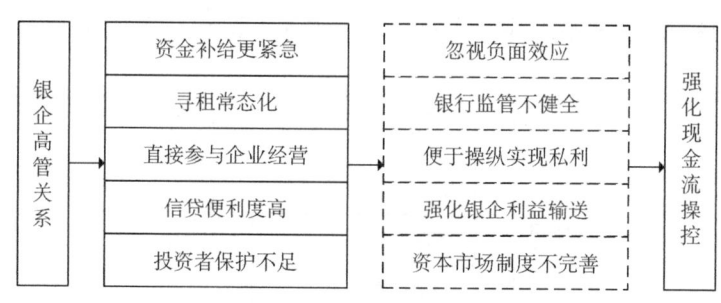

图 6.3　银企高管关系与现金流操控分析论证图

基于以上分析,提出假设 H1。

H1:银企高管关系强度与现金流操控正相关。

6.2 研究设计

6.2.1 样本选择与数据来源

本章选取 2008—2019 年 A 股上市公司为样本,并对数据作以下处理:①剔除 ST 股及金融类样本;②剔除在当年未上市的企业;③剔除数据缺失样本;④对连续变量在 2%和 98%分位上进行缩尾处理(Winsorize),共得到 23 385 个观测值。本章运用 STATA15.0 对数据进行处理和运算。本章主研究部分所需财务数据、公司治理数据、银行持股企业数据、高管银行背景数据均来自国泰安数据库 (CSMAR),企业持股银行数据来自万得(WIND)数据库。

6.2.2 变量定义

1) 银企高管关系强度 *BANKGG* 的测度

参照王善平等(2011)[44]和罗付岩(2016)[121]的研究,本章定义在银企高管关系中涉及的银行为国有商业银行、四大资产管理公司、城市商业银行、城市或农村信用社以及银行系基金公司。本章中银企高管关系强度 *BANKGG* 的度量方式为对"企业内存在银行背景的董监高数量"加一取对数。

2) 现金流操控 *UFO* 的测度

本章中关于现金流操控 *UFO* 的测度同本书 4.2.2 部分相同。

3) 控制变量的测度

本章中关于控制变量的测度同本书 4.2.2 部分相同。本章控制了上市公司的董事会规模 *BOARD*、独立董事占比 *ENDEP*、债务水平 *LEV*、盈利能力 *ROA*、公司规模 *LNSIZE*、股权集中度 *TOP*、成长性 *GROWTH*、每股收益 *EPS* 和账面市值比 *MB*。为了更好地检验银企高管关系对现金流操控的影响,同时控制了应计盈余管理 *AM*、异常生产费用 *E_PROD*、异常酌量性费用 *E_DISP*、是否存在银企信贷关系 *XDLX* 和是否存在银企股权关系 *GQLX*。本章主要变量定义如表 6.1 所示。

6.2.3 模型设计

为了检验银企高管关系强度与现金流操控的关系,建立模型(6.1),*BANKGG*

表 6.1 主要变量定义

	变量名称	变量符号	计算方法
因变量	现金流操控	UFO	依据本书第 4 章模型计算
自变量	银企高管关系强度	$BANKGG$	"企业内存在银行背景的董监高数量"加一取对数
控制变量	应计盈余管理	AM	修正的琼斯模型
	异常生产成本	E_PROD	Roychowdhury(2006)的模型
	异常酌量性费用	E_DISP	Roychowdhury(2006)的模型
	是否存在银企信贷关系	$XDLX$	"企业与银行签约贷款"取 1,否则为 0
	是否存在银企股权关系	$GQLX$	"银行持股企业"或"企业持股银行",存在其中一种情况取 1,否则为 0

为银企高管关系强度,$CONTROL$ 为上文中提出的控制变量,包含董事会规模 $BOARD$、独立董事占比 $ENDEP$、债务水平 LEV、盈利能力 ROA、公司规模 $LNSIZE$、股权集中度 TOP、成长性 $GROWTH$、每股收益 EPS、账面市值比 MB、应计盈余管理 AM、异常生产费用 E_PROD、异常酌量性费用 E_DISP、是否存在银企信贷关系 $XDLX$ 和是否存在银企股权关系 $GQLX$。运用固定效应控制个体效应和年份,进行多元回归分析:

$$UFO_{i,t} = \alpha_0 + \alpha_1 BANKGG_{i,t} + CONTROL_{i,t} + YEAR_t \qquad (6.1)$$
$$+ FIRM_i + \varepsilon_{i,t}$$

6.3 实证检验

6.3.1 描述性统计

由表 6.2 可以看出,银企高管强度 $BANKGG$ 的最大值为 1.386,最小值为 0,均值为 0.255,中位数为 0;是否存在银企股权关系 $GQLX$ 的最大值为 1,最小值为 0,中位数为 0,均值为 0.108,表明有 10% 左右的样本存在银企股权关系;是否存在银企信贷关系 $XDLX$ 的最大值为 1,最小值为 0,中位数为 0,均值为 0.552,表明有 55% 左右的样本中存在银企信贷关系。

表 6.2　主要回归变量描述性统计

变量	样本量	均值	标准差	p50	最小值	最大值
BANKGG	23 385	0.255	0.404	0.000	0.000	1.386
GQLX	23 385	0.108	0.310	0.000	0.000	1.000
XDLX	23 385	0.522	0.500	1.000	0.000	1.000

6.3.2　实证结果分析

表 6.3 第(1)列为全部变量参与回归时银企高管关系强度 *BANKGG* 对现金流操控的回归结果,第(2)列为模型仅仅保留银企高管关系强度、应计盈余管理、异常生产成本、异常酌量性费用和其他银企关系时的回归结果。第(1)列中银企高管关系强度 *BANKGG* 的回归系数为 0.0010,在 5% 的水平上显著为正,第(2)列中银企高管关系强度 *BANKGG* 的回归系数为 0.0016,在 1% 的水平上显著为正,表明企业中银行背景的高管数量越多,企业的现金流操控现象越严重。

表 6.3　银企高管关系强度与现金流操控的回归结果

变量	UFO	
	(1)	(2)
BANKGG	0.0010 **	0.0016 ***
	(2.3449)	(3.3339)
BOARD	0.0014	
	(0.4820)	
ENDEP	0.0053	
	(0.6356)	
LEV	0.0106 ***	
	(4.5217)	
ROA	0.0944 ***	
	(4.6543)	
LNSIZE	−0.0007	
	(−0.4621)	

变量	UFO	
	(1)	(2)
TOP	0.0013	
	(0.3679)	
GROWTH	0.0058***	
	(7.6526)	
EPS	0.0040***	
	(4.9503)	
MB	−0.0196***	
	(−4.4819)	
AM	0.1686***	0.1685***
	(5.7171)	(6.1775)
E_PROD	0.0148***	0.0169***
	(3.4251)	(4.2464)
E_DISP	0.0585***	0.0815***
	(6.1503)	(7.8379)
XDLX	−0.0001	−0.0002
	(−0.4103)	(−0.7379)
GQLX	−0.0009	−0.0013**
	(−1.3334)	(−1.9664)
YEAR	Yes	Yes
Constant	0.0444	0.0319***
	(1.3470)	(8.9226)
Obs	23 385	23 385
Within_R²	0.115	0.0921

注:括号内分别为 t 值;＊ 表示 $p<0.1$,＊＊ 表示 $p<0.05$,＊＊＊ 表示 $p<0.01$;下同。

6.3.3 稳健性检验

1. 替换因变量

本章借鉴 Roychowdhury(2006)[63]对销售操控的度量模型,计算销售操控程度 $UFOS$,替换现金流操控变量 UFO。由表 6.5 第(1)列回归结果可以看出,$BANKGG$ 的回归系数为 0.0016,在 1% 的水平上显著为正,表明替换现金流操控变量后,前文结论依然成立。

2. 替换自变量

以企业高管的金融背景程度 $JRGG$ 代替高管银行背景程度,计算方式一致;此外,也基于高管银行背景程度的高低构建哑变量 $BANKGGY$,以高管银行背景程度不为零的样本为基础估计其中位数,对大于中位数样本的高管银行背景程度哑变量取 1,否则取 0。表 6.5 第(2)列和第(3)列为高管金融背景程度和高管银行背景程度哑变量的回归结果,可以看出 $JRGG$ 的回归系数为 0.0013,在 5% 的水平上显著为正,$BANKGGY$ 的回归系数为 0.0012,在 5% 的水平上显著为正,表明替换自变量后,前文结论依然成立。

3. 替换控制变量

将模型(6.1)中股权集中度的度量指标由第一大股东持股比例 TOP 替换为前五大股东持股比例 $TOP5$,由表 6.5 第(4)列回归结果可以看出,$BANKGG$ 的回归系数为 0.0010,在 5% 的水平上显著为正,表明替换控制变量后,前文结论依然成立。

4. 去除其他银企关系

模型(6.1)中控制了其他银企关系的存在,稳健性检验中去除对其他银企关系的控制后,由表 6.5 第(5)列回归结果可以看出,$BANKGG$ 的回归系数为 0.0010,在 5% 的水平上显著为正,表明去除其他银企关系后,前文结论依然成立。

5. PSM 回归

PSM 方法能够有效地缓解样本自选择带来的内生性问题。为此,本书以董事会规模 $BOARD$、独立董事占比 $ENDEP$、资产负债率 LEV、盈利能力 ROA、公司规模 $LNSIZE$、股权集中度 TOP、成长性 $GROWTH$ 和账面市值比 MB 为测试变量,控制年份,以 $GGLX$“企业是否存在具有银行背景的高管”进行 Logit 回归,得到每个样本的倾向匹配得分,进行一比四最近邻匹配。从表 6.4 可以发现,PSM 有效地平衡了处理组与控制组变量的差异,匹配后变量的标准化偏差均小于 10%。运用匹配后样本对模型(6.1)进行固定效应回归,由表 6.5 回归结果看出,$BANKGG$ 的回归系数为 0.0011,在 5% 的水平上显著为正,表明缓解内生性后,前文结论依然成立。

表 6.4　关于银企高管关系的 PSM 平衡趋势检验

变量	是否匹配	均值		偏差	偏差减少	t 检验	
		处理组	控制组			t 值	p 值
BOARD	匹配前	2.1669	2.1335	17.3		11.85	0.000
	匹配后	2.1669	2.1655	0.7	95.8	0.44	0.660
ENDEP	匹配前	0.37015	0.3718	−3.4		−2.32	0.020
	匹配后	0.37015	0.3703	−0.3	91.0	−0.18	0.854
LEV	匹配前	0.47636	0.43779	18.7		12.73	0.000
	匹配后	0.47636	0.47657	−0.1	99.5	−0.06	0.952
ROA	匹配前	0.03674	0.03564	2.1		1.41	0.160
	匹配后	0.03674	0.03615	1.1	46.4	0.66	0.508
LNSIZE	匹配前	22.181	22.014	14.1		9.78	0.000
	匹配后	22.181	22.167	1.2	91.5	0.70	0.482
TOP	匹配前	0.35131	0.34557	3.8		2.65	0.008
	匹配后	0.35131	0.34925	1.4	64.2	0.82	0.415
GROWTH	匹配前	0.19346	0.17367	5.2		3.61	0.000
	匹配后	0.19346	0.19552	−0.5	89.6	−0.32	0.7513
EPS	匹配前	0.35184	0.31562	7.9		5.45	0.000
	匹配后	0.35184	0.34802	0.8	89.5	0.49	0.626
MB	匹配前	0.55718	0.53603	8.3		5.68	0.000
	匹配后	0.55718	0.55606	0.4	94.7	0.26	0.792

6. Heckman 两阶段回归

Heckman 两阶段模型适用于解决由样本选择偏差造成的内生性问题。由于样本中不是所有企业每年都与银行存在高管关系,且有的企业未向外界公开具有银行背景的高管关联,因而研究结论可能受到样本自选择偏差引起的内生性问题干扰。本章选择董事会规模 BOARD、独立董事占比 ENDEP、资产负债率 LEV、盈利能力 ROA、公司规模 LNSIZE、前五大股东持股比例 TOP5、成长性 GROWTH、每股收益 EPS、经营现金流与资产比值 CFO 和审计收费对数 LNFEE 作为影响变量,选择"企业是否聘请具有银行背景的高管"为因变量,控制年份和个体效应,进行第一阶段回归,计算逆米尔斯比率(IMR);再将其代入模型(6.1)中进行第二阶段回归,结果如表 6.5 的第(5)列所示,说明在考虑了样本自选择问题后,本章的研究结论依然成立。

表 6.5　稳健性检验(1)～(6)的回归结果

变量	UFOS 替换因变量	替换自变量		UFO 替换控制变量	去除其他银企关系	PSM	Heckman
	(1)	(2)	(3)	(4)	(5)	(6)	(7)
BANKGG	0.0016***			0.0010**	0.0010**	0.0011**	0.0012**
	(2.7783)			(2.1545)	(2.3344)	(2.2334)	(2.3158)
JRGG		0.0013**					
		(2.1907)					
BANKGGY			0.0012**				
			(2.2818)				
BOARD	−0.0001	0.0013	0.0014	0.0010	0.0014	0.0029	0.0023
	(−0.0276)	(0.4621)	(0.4751)	(0.3569)	(0.4840)	(0.6451)	(0.7857)
ENDEP	0.0035	0.0053	0.0052	0.0052	0.0053	0.0103	0.0105
	(0.5040)	(0.6332)	(0.6266)	(0.6253)	(0.6349)	(1.0111)	(1.4613)
LEV	0.0075**	0.0107***	0.0107***	0.0120***	0.0106***	0.0087***	0.0102***
	(2.5590)	(4.5197)	(4.5256)	(4.8245)	(4.4484)	(3.1447)	(4.1245)
ROA	0.0745***	0.0946***	0.0944***	0.0946***	0.0944***	0.0853***	0.0998***
	(5.1472)	(4.6728)	(4.6528)	(4.6266)	(4.6369)	(4.4220)	(5.1728)

变量	UFOS 替换因变量 (1)	UFO 替换自变量 (2)	UFO 替换自变量 (3)	UFO 替换控制变量 (4)	UFO 去除其他银企关系 (5)	UFO PSM (6)	UFO Heckman (7)
LNSIZE	-0.0010 (-0.7789)	-0.0007 (-0.4755)	-0.0007 (-0.4626)	-0.0011 (-0.8537)	-0.0007 (-0.4780)	-0.0002 (-0.0716)	-0.0008 (-0.5884)
TOP	-0.0012 (-0.5692)	0.0014 (0.4065)	0.0013 (0.3617)		0.0014 (0.4076)	0.0030 (0.7099)	0.0020 (0.6211)
TOP5				0.0126*** (3.1920)			
GROWTH	0.0056*** (7.3366)	0.0058*** (7.6347)	0.0058*** (7.6856)	0.0056*** (7.5933)	0.0058*** (7.6527)	0.0067*** (7.5677)	0.0057*** (7.4042)
EPS	0.0054*** (10.9039)	0.0040*** (4.9619)	0.0040*** (4.9711)	0.0037*** (4.7770)	0.0040*** (4.8941)	0.0041*** (4.9303)	0.0038*** (5.1741)
MB	-0.0170*** (-3.8851)	-0.0195*** (-4.4337)	-0.0195*** (-4.4770)	-0.0193*** (-4.3696)	-0.0196*** (-4.4921)	-0.0209*** (-4.0885)	-0.0188*** (-4.7281)

AM	0.1531***	0.1685***	0.1686***	0.1683***	0.1686***	0.1576***	0.1725***
	(6.5959)	(5.7171)	(5.7188)	(5.7124)	(5.7224)	(5.2309)	(5.9558)
E_PROD	0.0099***	0.0148***	0.0148***	0.0150***	0.0148***	0.0134***	0.0170***
	(4.3770)	(3.4221)	(3.4153)	(3.4752)	(3.4180)	(3.0615)	(4.6920)
E_DISP	0.0401***	0.0586***	0.0584***	0.0577***	0.0586***	0.0491***	0.0585***
	(3.9740)	(6.1530)	(6.1325)	(5.9862)	(6.1503)	(5.3441)	(6.2414)
XDLX	−0.0003	−0.0001	−0.0001	−0.0000		−0.0002	−0.0000
	(−0.8656)	(−0.3931)	(−0.3961)	(−0.2272)		(−0.9986)	(−0.0891)
GQLX	−0.0020*	−0.0008	−0.0009	−0.0006		−0.0006	−0.0009
	(−1.9577)	(−1.2588)	(−1.3262)	(−0.9464)		(−0.7047)	(−1.4311)
IMR							0.0023*
							(1.7729)
YEAR	Yes	Yes	Yes	Yes	Yes	Yes	Yes
Constant	0.0588**	0.0443	0.0444	0.0481	0.0446	0.0320	0.0425
	(2.1216)	(1.3467)	(1.3476)	(1.5028)	(1.3530)	(0.6158)	(1.2844)
Obs	23 385	23 385	23 385	23 385	23 385	18 003	22 894
Within_R^2	0.108	0.115	0.115	0.115	0.115	0.110	0.119

6.4　进一步研究:基于公司治理的分组检验

本节基于公司治理对银企高管关系强度与现金流操控的关系进行分组检验。

就股权性质而言,国企高管与民企高管有着本质的区别。首先,政治身份的差别。国企高管自带行政级别,兼具银行关联与政治关联,这使企业的社交关系网络更广,获取资源的渠道更多,由此引发的"融资软约束"会带来更严重的负面影响,且国企本身存在着"预算软约束"问题,银行对国企的贷款难以按时、足额收回,这使债权人的治理作用大打折扣。其次,相比民企,国有企业有政府对负债风险进行担保(陆正飞等,2015)[283]。国企高管具有银行背景加大了国企高管与银行合谋的概率,高管通过操控现金流,可维持企业"健康运营"状态,取得政府"信任",刺激了银企高管关系对现金流操控的强化作用。最后,高管在国企与民企中面临的激励与约束机制有差异,国企高管需要担负社会责任和政治任务,除了实现经营业绩要求外,还需完成一些战略性与社会性的政策要求,对他们来说,财务报告结果并不是唯一的考核标准(姜付秀等,2014)[284]。民企高管以企业收益为先,不同于应计盈余管理以虚增利润为主要目标,对他们来说,现金流操控可以向外传递企业日常运营一切顺畅的、具有持续经营能力的信息。此时,具有银行背景的高管在国企中对现金流操控的监督弱化作用会被放大,高管银行背景程度与现金流操控的正向关系会更显著。

就董事会结构而言,董事长兼任总经理往往是公司内部权力集中的表现。现有研究发现,董事长兼任总经理产生的总经理权力放大现象既可能弱化对管理层的监督(郝云宏和任国良,2010)[285],加剧管理层投机行为;也可能发挥"管家"功能,有利于提高沟通效率与决策效率(Brickley 等,1997)[81]。基于现代管家理论,董事长兼任总经理有助于提升组织效率(Donaldson 和 Davis,1991)[286],此时,管理者对于自身尊严以及职业成功的追求,为企业努力工作,在一定程度上能降低代理成本,同时也能缩短企业内部的沟通链,有效减少企业内部的沟通成本,使高管更易作出高效的投资决策。高管具有银行背景对现金流操控的强化现象很可能会受到董事长兼任总经理的影响,延续前文逻辑,如果企业的资金补给比加强治理更紧迫,企业内部治理层与管理层的决策与执行都应首要服务于企业融资。当董事长与总经理两职分离时,公司内部治理层对管理层行为的了解程度较低,对经营结果的关注度高于经营过程,对于高管基于银行背景为企业带来信贷融资的相关经营活动可能无法及时批准或给予有力的支持。高管为了按时完成融资任务,有动机寻找规则外渠道,但这种灵活变通可能会打破原有的公司内部治理机制。治理层出于大局考虑,很可能削弱对高管行为的监督力度,银企高管关系对现金流操控的正向作用更强。

就高管薪酬激励而言,已有研究表明,基于管理层权力理论与锚定效应,企业聘请具有金融从业经历的高管后,会提高企业高管的整体薪酬水平,这是因为这种高管本身具有社会资源,他们加入企业后,放大了企业管理层权力,管理层有动机自定薪酬,进而导致企业薪酬整体上升,因此,企业薪酬整体上升并非管理层的经营能力较强、企业业绩较好所致(邓建平等,2018)[276]。因此,在高管具有银行背景时,相比较低薪酬,较高的高管薪酬与业绩相关性较弱,薪酬激励制度并未有效发挥公司治理作用,未能有效制止企业中的投机行为。

为明确以上分析,本节以"是否国有企业""董事长是否兼任总经理""高管前三名薪酬总额对数"中位数,分组对模型(6.1)进行验证。

回归结果如表 6.6 所示。基于股权性质的检验发现,在国企样本中,$BANKGG$ 的回归系数为 0.0019,在 1‰ 的水平上显著为正;在民企样本中,$BANKGG$ 的回归系数不显著,表明国有企业中银企高管关系强度与现金流操控的正相关关系更强。基于董事长兼任总经理的检验发现,无论董事长是否兼任总经理,两类样本中 $BANKGG$ 的回归系数均不显著,但董事长与总经理两职分离的回归系数大于董事长兼任总经理时的回归系数,运用 Bootstrap 进行 100 次抽样,发现两者系数差异显著,这说明董事长与总经理两职分离时会对银企高管关系强度与现金流操控的关系产生微弱的强化作用。基于高管薪酬的检验发现,薪酬较高的样本中 $BANKGG$ 的回归系数为 0.0027,在 1‰ 的水平上显著为正,在薪酬较低的样本中回归系数则不显著,表明赋予高管较高薪酬时,企业内银企高管关系强度与现金流操控的正相关关系更强。

表 6.6　银企高管关系与现金流操控——基于公司治理的分组检验

变量	UFO					
	股权性质		董事长兼任总经理		高管薪酬	
	国企	民企	是	否	高	低
	(1)	(2)	(3)	(4)	(5)	(6)
$BANKGG$	0.0019 ***	0.0008	0.00004	0.0007	0.0027 ***	−0.0008
	(2.6014)	(1.0822)	(0.0425)	(1.2785)	(3.1362)	(−0.8702)
$BOARD$	0.0081 **	−0.0042	0.0064	0.0025	0.0054 *	0.0035
	(2.3570)	(−1.1470)	(0.9694)	(0.7358)	(1.7358)	(0.7123)

变量	UFO					
	股权性质		董事长兼任总经理		高管薪酬	
	国企	民企	是	否	高	低
	(1)	(2)	(3)	(4)	(5)	(6)
ENDEP	−0.0038	0.0082	0.0091	0.0073	0.0201	0.0063
	(−0.3513)	(1.1562)	(0.6183)	(0.6768)	(1.5504)	(0.4245)
LEV	0.0154 ***	0.0084 **	0.0139 *	0.0100 ***	0.0143 **	0.0031
	(4.1100)	(2.4774)	(1.7438)	(2.8359)	(2.0298)	(1.3259)
ROA	0.1022 ***	0.0695 **	0.0883 **	0.0892 ***	0.1229 ***	0.0613 ***
	(7.8264)	(2.0923)	(2.4010)	(3.9035)	(5.7507)	(3.8100)
LNSIZE	−0.0011	−0.0009	0.0009	−0.0004	−0.0015	0.0037 **
	(−0.6719)	(−0.5371)	(0.6772)	(−0.2337)	(−1.3323)	(1.9994)
TOP	−0.0023	0.0085 *	0.0006	0.0004	−0.0025	0.0034
	(−0.3119)	(1.8849)	(0.0847)	(0.0735)	(−0.3348)	(0.4720)
GROWTH	0.0050 **	0.0060 ***	0.0049 ***	0.0054 ***	0.0069 ***	0.0049 ***
	(2.5335)	(5.3726)	(3.2505)	(5.4358)	(8.9160)	(4.2522)
EPS	0.0004	0.0095 ***	0.0082 ***	0.0041 ***	0.0028	0.0045 **
	(0.4110)	(4.7087)	(2.6131)	(4.1364)	(1.5773)	(2.2127)
MB	−0.0228 ***	−0.0166 ***	−0.0116 *	−0.0208 ***	−0.0119 ***	−0.0284 ***
	(−3.3290)	(−2.9539)	(−1.9233)	(−3.7134)	(−3.2278)	(−7.4781)
AM	0.1593 ***	0.1743 ***	0.2040 ***	0.1600 ***	0.1823 ***	0.1597 ***
	(5.5742)	(5.9928)	(7.3024)	(5.5196)	(5.6687)	(5.7653)
E_PROD	0.0135 ***	0.0171 ***	0.0097	0.0172 ***	0.0151 ***	0.0097
	(3.2519)	(3.0475)	(1.0874)	(4.1927)	(3.8106)	(1.4293)
E_DISP	0.0497 **	0.0611 ***	0.0540 ***	0.0539 ***	0.0659 ***	0.0335 **
	(2.3460)	(4.9868)	(3.4764)	(4.5007)	(4.4603)	(2.2487)
XDLX	−0.0010 ***	0.0007 *	0.0032 **	−0.0006	−0.0002	0.0006
	(−2.6495)	(1.8177)	(2.2440)	(−1.4634)	(−0.1515)	(0.6918)
GQLX	−0.0012	0.0003	−0.0016	−0.0010	0.0017	−0.0020
	(−0.6872)	(0.2384)	(−0.5108)	(−0.8148)	(1.0211)	(−1.0344)
YEAR	Yes	Yes	Yes	Yes	Yes	Yes
Constant	0.0451	0.0529	−0.0111	0.0381	0.0457 *	−0.0415
	(1.5237)	(1.3776)	(−0.3223)	(1.0906)	(1.6892)	(−0.9034)

变量	UFO					
	股权性质		董事长兼任总经理		高管薪酬	
	国企	民企	是	否	高	低
	(1)	(2)	(3)	(4)	(5)	(6)
$Difference$			−0.001			
P_value			0.000			
Obs	9 373	14 012	5 511	17 874	11 692	11 693
$Within\_R^2$	0.108	0.120	0.124	0.111	0.123	0.101

6.5 进一步研究：基于宏观经济形势的分组检验

就经济政策不确定性而言，经济政策不确定性的变化会影响企业和银行的风险决策。当经济政策不确定性上升时，企业不会贸然投资，而是选择观望（饶品贵等，2017）[89]，企业融资需求下降。经济政策不确定性较低时，企业和银行的日常运营处于正轨，规避风险的需求较低，更试图谋求长远发展，倾向于完善各类治理机制、加强监督力度，促使银企高管关系的建立及发展透明化，此时，企业与银行高管关系的建立与运用更规范，投机行为的操纵空间缩小，由此，经济政策不确定性较低时，银企高管关系对现金流操控的正向影响会受到更大程度的削弱。

就货币政策宽松度而言，货币政策会通过信贷渠道影响企业和银行行为。从债权人角度而言，货币政策宽松时，企业融资成本会降低，获得外部资金的比例增大（Flannery 和 Rangan，2006）[287]，但货币政策紧缩时，市场上货币供给减少，市场利率和法定准备金率上升，影响金融中介的资金筹集，抑制资金需求方的融资（朱雁春等，2015）[288]，此时，银行对借款人的资质审查更为严格，会持更加谨慎的态度选择贷款对象（解宏爽等，2017）[289]。货币政策的变化能够显著影响企业的投资决策和银行的信贷策略，具有银行背景的高管会随着货币政策的变化，及时明确银行贷款政策差异，改变与银行关系的亲密度，进而影响企业投资策略，推动高管心理及行为改变，包括企业现金流操控在内的投机行为。在货币政策紧缩期时，银行信贷政策变得严格，企业的投资减少，由银企高管关系为企业带来的信贷资源很可能是企业主要的外部融资，企业聘请具有银行背景高管的动机更强，对此类高管的融资业务能力要求更高，这更容易引发投机行为，银企高管关系对企业的监督功能弱化，此时现金流操控会加剧。

为明确以上分析，以"经济政策不确定性""货币政策宽松度"中位数为标准，分组对模型(6.1)进行验证。

基于宏观经济形势对银企高管关系强度与现金流操控的关系进行分组检验，结果如表 6.7 所示。基于经济政策不确定性的分组检验发现，无论不确定性是高还是低，*BANKGG* 的回归系数均不显著为负，但经济政策不确定性较低时的系数更大。运用 Bootstrap 进行 100 次抽样，发现两者系数差异显著，这表明经济政策不确定性较低时，银企高管关系对现金流操控的正向影响会受到更大程度的抑制，但是经济政策不确定的变化带来的这种抑制作用较为微弱。基于货币政策的分组检验发现，货币政策宽松期 *BANKGG* 的回归系数为 0.0005，并不显著为正，货币政策紧缩期 *BANKGG* 的回归系数为 0.0010，在 5% 的水平上显著为正。这表明货币政策宽松度的变化会显著影响银企高管关系对现金流操控的作用，紧缩期时能够放大银企高管关系对现金流操控的强化作用。

表 6.7　银企高管关系与现金流操控——基于宏观经济形势的分组检验

变量	UFO			
	EPU		M1	
	较高	较低	宽松	紧缩
	(1)	(2)	(3)	(4)
BANKGG	−0.0005	−0.0031	0.0005	0.0010**
	(−0.1893)	(−1.0512)	(0.4781)	(2.1331)
BOARD	0.0072**	0.0050	−0.0051	0.0025
	(2.4646)	(1.5123)	(−1.6186)	(0.7510)
ENDEP	0.0224	0.0064	−0.0099	0.0152*
	(1.5710)	(0.4270)	(−0.7777)	(1.6699)
LEV	0.0144***	0.0121***	0.0134***	0.0077
	(4.1805)	(7.1458)	(4.9635)	(1.5010)
ROA	0.1076***	0.0677***	0.0887***	0.0974***
	(7.6375)	(11.7955)	(8.9688)	(3.1267)
LNSIZE	−0.0022***	0.0074***	0.0003	−0.0007
	(−2.8358)	(6.6778)	(0.1615)	(−1.0158)
TOP	0.0103***	−0.0047	0.0141***	−0.0072*
	(2.8067)	(−0.5137)	(2.7869)	(−1.7801)

变量	UFO			
	EPU		M1	
	较高	较低	宽松	紧缩
	(1)	(2)	(3)	(4)
GROWTH	0.0044 ***	0.0045 ***	0.0063 ***	0.0045 ***
	(4.0181)	(3.8601)	(7.8577)	(4.6600)
EPS	0.0031 ***	0.0061 ***	0.0035 ***	0.0025 **
	(4.2507)	(7.0306)	(4.6264)	(2.0004)
MB	−0.0145 ***	−0.0264 ***	−0.0212 ***	−0.0252 ***
	(−4.2461)	(−9.3010)	(−6.0378)	(−3.7635)
AM	0.1742 ***	0.1628 ***	0.1911 ***	0.1444 ***
	(11.7055)	(5.1963)	(7.0640)	(4.6249)
E_PROD	0.0138 *	0.0145 ***	0.0153 ***	0.0149 **
	(1.8145)	(7.4819)	(3.3329)	(2.0658)
E_DISP	0.0791 ***	0.0171 **	0.0397 ***	0.0756 ***
	(5.2271)	(2.0148)	(2.7448)	(3.6960)
XDLX	0.0015 ***	−0.0026 ***	0.0002	−0.0001
	(4.5195)	(−3.8444)	(0.4503)	(−0.1257)
GQLX	0.0015	0.0037	−0.0016 **	−0.0008 *
	(0.5450)	(1.2173)	(−2.2213)	(−1.6601)
YEAR	Yes	Yes	Yes	Yes
Constant	0.0477 ***	−0.1352 ***	0.0316	0.0506 ***
	(2.8075)	(−5.1309)	(0.7154)	(3.9156)
Difference	−0.001			
P_value	0.000			
Obs	13 184	10 201	11 180	12 205
Within_R^2	0.114	0.102	0.121	0.111

6.6 本章小结

本章以2008—2019年A股上市企业为样本,采用国泰安和万得等数据库中的数据,理论分析和实证检验了银企高管关系对现金流操控的影响。研究发现:银企高管关系强度与现金流操控正相关,通过替换因变量、自变量、控制变量和回归模型,剔除其他银企关系,运用PSM方法和Heckman两阶段回归缓解内生性,发现银企高管关系强度与现金流操控的正相关关系依旧很显著。这说明银企高管关系密切,刺激了企业投机行为的动机并减少了现金流操纵成本,弱化了银企高管关系的监督功能,使银企高管关系对现金流操控呈现强化的作用。

本章进一步基于公司治理和宏观经济形势的差异,分组检验银企股权关系对现金流操控的影响。在关于公司治理的分组检验中,研究发现,非国有股权性质、赋予高管较低薪酬能够有效遏制银企高管关系强度对现金流操控的强化作用,董事长兼任总经理会抑制银企高管关系强度对现金流操控的强化作用,只是这种抑制作用比较微弱。这说明民营企业更适合构建银企高管关系,应警惕赋予高管较高薪酬会加剧银企高管关系对现金流操控的强化作用,充分利用董事长兼任总经理时管理成本降低、沟通效率上升的优势,有效抑制银企高管关系与现金流操控的正向关系。

在关于宏观经济形势的分组检验中,研究发现,经济政策不确定性较低对银企高管关系与现金流操控之间正向关系的抑制作用更强,但是这种抑制作用较为微弱,货币政策紧缩会强化银企高管关系强度与现金流操控的正相关关系。这说明企业在经济政策不确定性较高、货币政策紧缩时,应该警惕银企高管关系对现金流操控的强化作用,加强监督力度,推动银企高管关系发挥治理作用。

第 7 章 银企关系叠加与现金流操控

本书前面章节已对银企关系叠加与现金流操控的含义进行了界定,对银企关系的建立、银行作用的发挥以及现金流操控的产生进行了理论基础的梳理。那么,银企关系叠加对现金流操控会产生何种影响? 以下将从理论上分析银企关系叠加,即银企信贷关系和高管关系叠加,银企信贷关系和股权关系叠加,银企信贷关系、股权关系和高管关系叠加①,对现金流操控的作用,并对上述关系进行实证检验。同时,本章进一步分组检验不同公司治理情境和宏观经济形势下,银企关系叠加对现金流操控的作用变化。

7.1 研究假设

从银企关系的分类来看,银行贷款是企业重要的资金来源,信贷关系是银企之间最为基础和广泛的一种关系。随着我国现代企业制度的逐渐完善,经济结构优化和产业转型升级的不断推进,企业参股银行或银行参股企业通过股权关联重新整合产业资本和金融资本,银企之间出现了股权关系。此外,具有银行工作经验的人员也会加入企业,担任企业的高管职务,企业与银行在人事间的这种关联,往往能够帮助企业获得外部融资,增强企业与银行之间的亲密度(唐建新等,2011)[169],也即银行与企业间建立起了高管关系。银企基础关系表现为信贷关系,股权关系与高管关系可看作银企衍生关系,银企之间可能既存在基础的信贷关系,也存在股权关系或高管关系,企业银企关系体现为不同层次的关系。基于前文分析,银企信贷关系、股权关系及高管关系对现金流操控的影响各有不同,这些不同的银企关系交织在一起对现金流操控产生的影响可能也会有差异。依据前文的理论分析与实

---

① 根据本书第 6 章的研究结果,银行持股企业强度和企业持股银行强度与现金流操控均显著负相关,为了使文章更精炼,本章研究银企股权关系与其他银企关系叠加时,不再将银企股权关系分为银行持股企业和企业持股银行。

证检验,银企信贷关系与高管关系均能够强化现金流操控,但银企股权关系能够显著地弱化现金流操控。

就银企信贷关系对现金流操控产生的作用来看。信贷关系的建立与维系,在为企业带来融资便利性,缓解企业融资约束的同时,也滋生出了企业信贷寻租行为。由于我国正处于转型期,在人情社会的影响下,企业与银行更倾向于通过维系关系,彼此基于信贷资源的取得与发放获利,银行基于债权的监督作用往往被削弱。现实的信贷活动中,往往是银企信贷关系越密切,信贷期限越长久,银行发放的关系型贷款比例越高,企业寻租行为越猖獗。此时,银行与企业各自的治理环境都不够健全,无法有效约束彼此的行为,尤其是银行弱化了对企业的债权监督。在这种情况下,企业的投机行为无法得到有效的制约,现金流操控的成本下降,管理者有动机强化这一行为以美化会计信息,实现个人收益最大化。

就银企股权关系对现金流操控产生的作用来看。由于银企股权关系需要通过股东层面发挥作用,我国银企相互持股不够普遍,且银企相互持股使银企利益更为一致,因此,相比银企信贷关系,银企股权关系更可能对企业发挥治理作用。同时,尽管银企股权关系也可能带来"融资软约束"、股权债权利益冲突等负面现象,但这些更多的是一种间接影响,银企之间基于股权层面参与公司治理,才是银企股权关系发挥作用的直接后果。因此,银企股权关系对现金流操控更可能产生一种治理作用。银企相互持股有助于降低银企之间信息不对称,提高企业声誉,缓解企业股权与债权的冲突和融资约束;有助于银行以股东身份参与企业治理,稳定企业股权收益,为企业带来更专业的金融咨询。这些治理功能可以降低银行的监督成本和企业的代理成本,减弱企业通过现金流操控获取资金的动力,促使银行更有动力监督企业,提高银企公司治理机制的专业度,加强对企业管理层投机行为的监督,抑制企业的现金流操控,提高会计信息的可靠性。

就银企高管关系对现金流操控产生的作用来看。高管具有银行背景尽管也能够减少企业与银行之间的信息不对称、缓解企业融资约束、提高企业声誉、发挥担保作用及专业咨询功能,通过这些路径对公司产生治理功能。但是,与此同时,也会形成"融资软约束"、削弱债权治理作用、产生股权代理成本、增加企业的非效率投资(曲进和高升好,2015)[275]。管理者权力的放大加强了其实施投机行为的动机并减少了操纵成本。此外,高管具有银行背景也增强了企业信贷寻租的便利性。可见,已有研究关于高管银行背景对企业的治理作用并未形成一致结论。在我国,企业普遍存在融资约束(吴秋生和黄贤环,2017)[281],处在复杂的人情关系网络之中(邓建平和曾勇,2011)[172],面临的资本市场并不完善,无法对会计信息进行有效的监督,对投资者权益的保护力度也不足(鲁桐和党印,2012)[282]。同时,企业高管自身便是盈余操纵的行为人(吴秋生等,2018)[237],在自利动机驱使下,会动用自身资源达成契约目标,强化盈余管理行为。这些作用的综合,使银企高管关系对现金流操控呈现强化的作用。

7.1.1 银企信贷关系和高管关系叠加与现金流操控

当企业中同时存在银企信贷关系与高管关系时,两种关系会呈现叠加效应。据前文结论及总结,银企信贷关系和高管关系的存在与增强,都能够缓解企业面临的外部信贷融资约束。但是由于银企关系的不断密切,银企建立信贷关系及高管关系的初衷随之被扭曲。信贷关系的增强使银企之间的业务交流增加,关系期限延长,更容易产生关系型贷款,银行由于与企业关系的密切而放宽贷款标准,降低了对企业的要求,放松了对企业的债权监督。此时,企业聘请具有银行背景的高管,在与银行具有密切的信贷关系基础上,进一步拓展了企业在银行领域的社会资本,尽管高管关系的存在及加强也能够为企业带来一些好处,但同时也会带来"融资软约束"、股权代理成本上升、信贷寻租等问题,企业聘请银行背景高管带来的不利作用也会加倍。

高管是企业的决策层和执行层,其所拥有的权力能够影响银企信贷关系对企业产生的后果,企业高管具有银行背景,意味着高管除了具有内部相应的决策权和执行权以外,对于银行也有一定的话语权,高管的权力在企业与银行间都得到了放大。我们可从以下角度分析:①高管具有银行背景有助于企业更便捷地获取外部资源(Dittmann 等,2010)[168],帮助企业降低财务危机发生的可能性(Pfeffer 和 Salancik,1978;Fama,1985;Zahra 和 Pearce,1989)[290-292],高管具有银行背景带来的这些作用能够加深企业与银行信贷关系的密切程度,通过这类高管获取关系型贷款的成本降低,拓展了企业向银行寻租的渠道。②同时,由于高管私利与企业利益的冲突,高管为了获取更高薪酬,有动力通过美化现金流取得更多信贷融资,赢取股东的信任。③企业具有银行背景的高管数量越多,获取信贷资源越容易,越可能引发企业的"融资软约束",缓解企业的偿债压力,导致企业降低对高管的债务管理要求,减弱对高管的债务约束效力,进一步加深高管与股东的利益冲突,稀释债权治理效应(王旭,2014)[122]。

企业与银行建立高管关系带来的这些作用,激化了银企间非正式制度产生的信贷寻租,增强了企业高管的现金流操控动机,会强化"融资软约束",弱化银行的债权治理作用,从而进一步促进银企信贷关系对现金流操控的强化作用。可见,企业与银行间同时存在信贷关系和高管关系时,对现金流操控产生方向一致的叠加效应,即能够进一步强化现金流操控。图 7.1 展示了银企信贷关系和高管关系叠加与现金流操控分析论证逻辑。

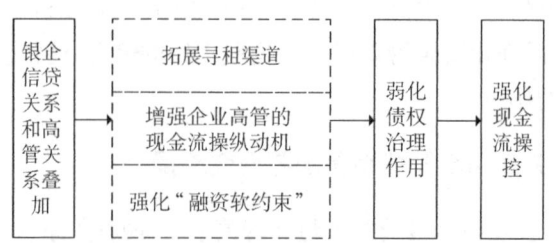

图 7.1　银企信贷关系和高管关系叠加与现金流操控分析论证

基于以上分析,本章提出假设 H1。

H1:银企信贷关系和高管关系叠加与现金流操控正相关。

7.1.2　银企信贷关系和股权关系叠加与现金流操控

据前文理论分析及实证结果可知,银企股权关系会对现金流操控产生显著的抑制作用,能够通过降低银企之间的信息不对称程度、缓解企业信贷融资约束、减弱企业股权与债权冲突、促进银行参与公司治理、向企业提供专业咨询等,降低银企间代理成本,强化银行对企业的股权监督,有效约束企业管理层投机行为。依据本书前面章节分析可知,银企信贷关系与股权关系都能够降低银企之间的信息不对称程度、缓解企业的融资约束。尽管以往多数研究表明,银行基于信贷能够对企业有效发挥债权治理作用,但本书研究发现,随着银企信贷关系的不断密切,债权治理作用在银企"人情关系"中被减弱,银企间的非正式制度逐渐成为它们之间主要的关系作用方式,银企基于信贷产生的相互监督作用明显被弱化。

可见,银企信贷关系与股权关系对现金流操控的影响是可以对冲的,当两种关系产生不同的作用时,它们对现金流操控的最终影响形式应是两种关系作用的结果。那么,当企业中同时存在这两类银企关系时,对现金流操控的叠加效应体现为何种形式?

第一,基于债权治理弱化的视角,银企信贷关系和股权关系叠加产生的债权和股权治理作用,会由于信贷寻租、"融资软约束"和"股权债权利益冲突"而弱化,导致企业内部滋生投机行为。其主要可体现为:①银行基于银企股权之间的关系放宽了企业获得银行信贷资金的审批条件,帮助企业获得了更多信贷支持,取得了期限更久的银行贷款。此时,银企信贷关系的不断加深,在银企间滋生出了寻租等现象,严重提高了企业的信贷成本。②尽管银行股东存在监督企业的动机,但银企股权关系为企业带来了丰富的信贷资源,也有可能引发"融资软约束"问题。持有公司股份的银行在企业陷入资金困境或投资项目未达到预期效果时,考虑到如果收回贷款本息,产生的收益会低于向企业追加贷款的成本,因此,银行会向企业继续提供贷款支持,而不是对企业采取破产清算或立即收回贷款等严厉的惩罚手段(Dewatripoint和Tirole,1994;Berglof和Roland,1998)[293-294],产生的后果便是给非效率公司带来了信贷资源(Dewatripoint和Tirole,1994;Winstein和Yafeh,1998)[293, 135]。③银行肩负股东和债权人双重角色时,由于利益分配的差异,有可能激化企业的股权与债权冲突。区别于股权投资方希望通过企业实现价值最大化获得红利分配等投资收益,债权人更关注是否能如期收回本息(王善平和李志军,2011)[44]。单独分析银行的股东身份时,其有动机将债权人的财富向股东转移,损害债权人利益。但是当银行兼具债权人与股东身份时,银行可能更倾向于追求自身债权收益的最大化(罗付岩,2016)[121],而忽视股权收益(Dewatripont和Tirole,1994)[293]。

第二,基于利益冲突弱化视角,银企信贷关系和股权关系的叠加能够弱化企业股东与债权人、管理层与股东的利益冲突,有效约束银企信贷关系逐渐密切时企业的现金流操控等投机行为。其主要表现为:①银行股权债权合一弱化了企业股权与债权的利益冲突。银企股权关系分为银行持股企业与企业持股银行,其中银行持股企业使银行既是企业的债权人,也是企业的所有者,银行持有公司较多股权且又是债权人时,会关心公司的整体价值最大化(Stiglitz,1985)[258]。银行股权债权合一时,银行既可以基于债权人身份设定信贷限制性条款约束企业,提高贷款的安全系数,也可以通过股东身份监督企业,有利于股权收益稳定,从而有效缓解债权和股权的利益冲突(王善平和李志军,2011)[44]。这样可以维护银行的债权治理作用,减弱"融资软约束"引起的监督不力的影响。②银企相互持股弱化了管理层与股东的利益冲突。管理层肩负着为企业融资的压力,股东要求管理层基于良好业绩为企业获取外部融资,银企相互持股缓解了企业的信贷融资约束,能够减轻管理层通过投机行为获取信贷资金的压力。

可见,企业与银行间同时存在信贷关系和股权关系时,无法明确对现金流操控产生的叠加效应,即究竟是进一步强化现金流操控,还是弱化现金流操控?图7.2分析论证了银企信贷关系和股权关系叠加与现金流操控的关系。

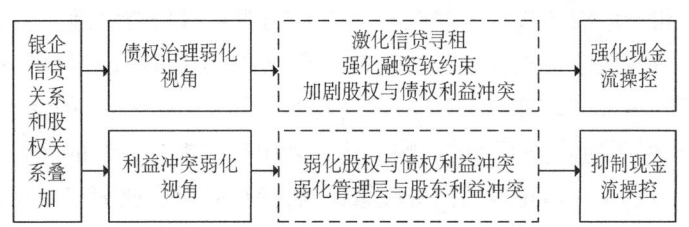

图7.2 银企信贷关系和股权关系叠加与现金流操控分析论证

基于以上分析,提出竞争性假设 H2a 和 H2b。

H2a:基于债权治理弱化视角,银企信贷关系和股权关系叠加与现金流操控正相关。

H2b:基于利益冲突弱化视角,银企信贷关系和股权关系叠加与现金流操控负相关或不相关。

7.1.3 银企信贷关系、股权关系和高管关系叠加与现金流操控

依据前文的理论分析和实证结果,可知银企信贷关系与高管关系均能强化现金流操控,银企股权关系会显著抑制现金流操控。那么这三者关系叠加会对现金流操控产生何种影响呢? 沿袭本章第 7.1.2 部分的论证思路,从债权治理弱化和利益冲突弱化视角进行分析。

第一,债权治理弱化视角。此时三种银企关系的叠加会从以下方面弱化银行的债权治理和股权治理功能:①多种银企关系的叠加表明企业可从多种渠道与银行构建联系,企业的信贷资金获取成本较低,便捷度较高,银企通过信贷业务、股权关系和高管聘用进行串通舞弊或企业进行寻租的空间增加。②三种银企关系的叠加为企业带来了更多的信贷资源,银企相互持股和高管具有银行背景都可能引起"融资软约束",银企股权关系为企业带来的丰富信贷资源很可能会促使企业过度投资,推升企业风险(翟胜宝等,2014)[139],高管具有银行背景也会增加企业的可支配资源,降低对高管的约束力度(王旭,2014)[122],由此引发的企业投资效率下降问题可能更严重。③三种银企关系的叠加同样可能导致股权与债权的冲突加剧,具有银行背景的高管在一定程度上代表了银行的利益,处于信贷关系中的银行是债权人,银企相互持股则使银行在企业股权与债权兼有,三种关系叠加时,由于银行的债权收益与股权收益分配存在差异,多方银行利益代表容易出现利益冲突。

第二,利益冲突弱化视角。此时银企信贷关系、股权关系和高管关系的叠加能够弱化企业股东与债权人、管理层与股东之间的利益冲突,有效约束银企信贷关系和高管关系逐渐密切时企业的现金流操控等投机行为。其主要表现为:①银行股权债权合一、聘用具有银行背景的高管弱化了企业股东与债权人的利益冲突。基于前文论述,银行股权债权合一时银行可以利用股东身份持续地监督企业管理层的经营行为,减少股东债权人之间的利益冲突,有利于股权收益稳定,提高贷款的安全系数(王善平和李志军,2011)[44]。这样可以维护银行债权的治理作用,减弱"融资软约束"引起的监督不力的影响。此时聘用具有银行背景的高管可以充分发挥专业能力,为企业作出正确的投资决策保驾护航,确保企业债权人可以及时足额得到本金及收益,促使企业股东价值最大化;②银企相互持股、聘用具有银行背景的高管弱化了管理层与股东的利益冲突,促进企业进一步拓展外部信贷资源,缓解

了企业融资约束,减弱了企业管理层通过现金流操控获取外部融资的投机动机,促使高管应用银行人脉及专业知识助力企业躲避投资及管理雷区。

可见,企业与银行间同时存在信贷关系、股权关系与高管关系时,叠加关系对现金流操控产生的叠加效应不明确,即究竟是进一步强化现金流操控还是弱化现金流操控?图7.3分析论证了银企信贷关系、股权关系和高管关系叠加与现金流操控的关系。

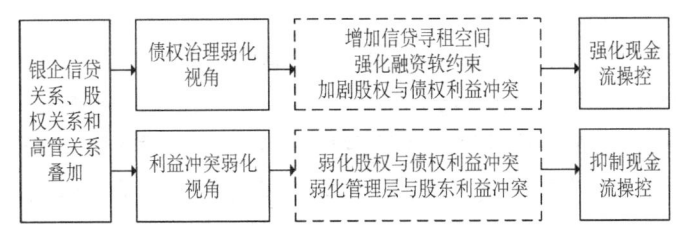

图 7.3　银企信贷关系、股权关系和高管关系叠加与现金流操控分析论证

基于以上分析,提出竞争性假设 H3a 和 H3b。

H3a:基于债权治理弱化视角,银企信贷关系、股权关系和高管关系叠加与现金流操控正相关。

H3b:基于利益冲突弱化视角,银企信贷关系、股权关系和高管关系叠加与现金流操控负相关或不相关。

7.2　研究设计

7.2.1　样本选择与数据来源

本章选取 2008—2019 年 A 股上市公司为样本,并对数据作以下处理:①剔除 ST 股及金融类样本;②剔除当年未上市的企业;③剔除数据缺失样本;④对连续变量在 2% 和 98% 分位上进行缩尾处理(Winsorize),共得到 23 385 个观测值。运用 STATA15.0 对数据进行处理和运算。本章所需财务数据、公司治理数据、银行持股企业数据、高管银行背景数据均来自国泰安数据库,企业持股银行数据来自万得数据库。

7.2.2　变量定义

1) 银企关系叠加的测度

对银企信贷关系和高管关系叠加,以"企业是否同时存在银企信贷关系和高管关系"哑变量 $XDGG$ 表示;对银企信贷关系和股权关系叠加,以"企业是否同时存在银企信贷关系和股权关系"哑变量 $XDGQ$ 表示;对银企信贷关系、股权关系和高管关系叠加,以"企业是否同时存在银企信贷关系、股权关系和高管关系"哑变量 $XDGQGG$ 表示。

2)现金流操控 UFO 的测度

本章关于现金流操控 UFO 的测度与本书第四章4.2.2部分相同。

3)控制变量的测度

本章关于控制变量的测度与本书第4章4.2.2部分相同,控制了上市公司的董事会规模 $BOARD$、独立董事占比 $ENDEP$、债务水平 LEV、盈利能力 ROA、公司规模 $LNSIZE$、股权集中度 TOP、成长性 $GROWTH$、每股收益 EPS 和账面市值比 MB。为了更好地检验银企高管关系对现金流操控的影响,同时控制了应计盈余管理 AM、异常生产费用 E_PROD、异常酌量性费用 E_DISP,考虑到这部分内容检验银企关系叠加的后果,在回归中去除对其他银企关系的控制。表7.1列示了主要变量的定义。

表7.1 主要变量定义表

	变量名称	变量符号	计算方法
因变量	现金流操控	UFO	依据本书第4章模型计算
自变量	银企信贷关系和高管关系叠加	$XDGG$	"企业同时存在银企信贷关系和高管关系"取1,否则为0
	银企信贷关系和股权关系叠加	$XDGQ$	"企业同时存在银企信贷关系和股权关系"取1,否则为0
	银企信贷关系、股权关系和高管关系叠加	$XDGQGG$	"企业同时存在银企信贷关系、股权关系和高管关系"取1,否则为0
控制变量	应计盈余管理	AM	修正的琼斯模型
	异常生产成本	E_PROD	Roychowdhury(2006)的模型
	异常酌量性费用	E_DISP	Roychowdhury(2006)的模型

7.2.3 模型设计

为了检验银企关系叠加与现金流操控的关系,建立模型(7.1),$BANKDJ$ 为银企关系叠加,包含银企信贷关系和高管关系叠加 $XDGG$,银企信贷关系和股权关

系叠加 *XDGQ* 以及银企信贷关系、股权关系和高管关系叠加 *XDGQGG*。*CONTROL* 为控制变量,包含董事会规模 *BOARD*、独立董事占比 *ENDEP*、债务水平 *LEV*、盈利能力 *ROA*、公司规模 *LNSIZE*、股权集中度 *TOP*、成长性 *GROWTH*、每股收益 *EPS*、账面市值比 *MB*、应计盈余管理 *AM*、异常生产费用 *E_PROD* 和异常酌量性费用 *E_DISP*。

由于存在银企关系叠加的企业样本较少,为了取得更准确的研究结果,选择 PSM 之后的样本进行分析检验。本书运用固定效应控制个体效应和年份进行多元回归分析:

$$UFO_{i,t} = \alpha_0 + \alpha_1 BANKDJ_{i,t} + CONTROL_{i,t} + YEAR_t \quad (7.1)$$
$$+ FIRM_i + \varepsilon_{i,t}$$

7.3 实证检验

7.3.1 描述性统计

由表 7.2 可以看出,现金流操控 *UFO* 的最大值是 0.220,最小值是 0.001,中位数是 0.039,均值是 0.053,均值大于中位数;*XDGG* 的最大值是 1,最小值是 0,中位数是 0,均值是 0.143;*XDGQ* 的最大值是 1,最小值是 0,中位数是 0,均值是 0.045;*XDGQGG* 的最大值是 1,最小值是 0,中位数是 0,均值是 0.019。

表 7.2 主要回归变量描述性统计

变量	样本量	均值	标准差	p50	最小值	最大值
UFO	23 385	0.053	0.049	0.039	0.001	0.220
XDGG	23 385	0.143	0.350	0.000	0.000	1.000
XDGQ	23 385	0.045	0.208	0.000	0.000	1.000
XDGQGG	23 385	0.019	0.137	0.000	0.000	1.000

7.3.2 实证结果分析

在银企信贷关系与高管关系叠加的回归中,本章以董事会规模 *BOARD*、独立董事占比 *ENDEP*、盈利能力 *ROA*、公司规模 *LNSIZE*、股权集中度 *TOP*5(前五大股东持股比例)、每股收益 *EPS*、账面市值比 *MB*、经营现金流资产比例 *CFO*、审计意见 *YJ*、成长性 *GROWTH*、应计盈余管理绝对值 *AM* 为测试变量,控制年份,进行 Logit 回归,得到每个样本的倾向匹配得分,进行一比四最近邻匹配。表 7.3 可以发现,PSM 有效地平衡了处理组与控制组变量的差异,匹配后变量的标准化偏差均小于 10%。

表 7.3 关于银企信贷关系与高管关系叠加的 PSM 平衡趋势检验

变量	是否匹配	均值		偏差	偏差减少	t 检验	
		处理组	控制组			t 值	p 值
BOARD	匹配前	2.1603	2.1424	9.2%		4.92	0.000
	匹配后	2.1603	2.159	0.7%	92.5%	0.28	0.777
ENDEP	匹配前	0.37182	0.3711	1.5%		0.78	0.438
	匹配后	0.37182	0.37209	−0.6%	61.9%	−0.23	0.822
ROA	匹配前	0.03274	0.03667	−7.5%		−3.87	0.000
	匹配后	0.03274	0.03242	0.6%	91.9%	0.25	0.802
LNSIZE	匹配前	22.271	22.034	20.5%		10.76	0.000
	匹配后	22.271	22.276	−0.5%	97.8%	−0.18	0.856
TOP5	匹配前	0.5112	0.51378	−1.8%		−0.93	0.350
	匹配后	0.5112	0.50815	2.1%	−18.0%	0.84	0.401
EPS	匹配前	0.32941	0.32821	0.3%		0.14	0.889
	匹配后	0.32941	0.32692	0.5%	−106.8%	0.22	0.826
MB	匹配前	0.57224	0.53786	13.5%		7.16	0.000
	匹配后	0.57224	0.57229	−0.0%	99.9%	−0.01	0.994
CFO	匹配前	0.0231	0.03088	−12.7%		−6.62	0.000
	匹配后	0.02311	0.02283	0.5%	96.3%	0.19	0.846
YJ	匹配前	0.96945	0.96481	2.6%		1.34	0.179
	匹配后	0.96945	0.97028	−0.5%	82.2%	−0.20	0.844
GROWTH	匹配前	0.20475	0.17593	7.5%		4.07	0.000
	匹配后	0.20475	0.20429	0.1%	98.4%	0.05	0.963
AM	匹配前	0.0725	0.07254	−0.1%		−0.03	0.974
	匹配后	0.0725	0.07162	1.2%	−1 779.5%	0.48	0.631

在银企信贷关系与股权关系叠加的回归中，本章以董事会规模 *BOARD*、独立董事占比 *ENDEP*、盈利能力 *ROA*、公司规模 *LNSIZE*、每股收益 *EPS*、审计意见 *YJ*、董监高前三名薪酬对数 *PAY* 为测试变量，控制年份，进行 Logit 回归，得到每个样本的倾向匹配得分，进行一比四最近邻匹配。从表 7.4 可以发现，PSM 有效地平衡了处理组与控制组变量的差异，匹配后变量的标准化偏差均小于 10%。

表 7.4　关于银企信贷关系与股权关系叠加的 PSM 平衡趋势检验

变量	是否匹配	均值		偏差	偏差减少	t 检验	
		处理组	控制组			t 值	p 值
BOARD	匹配前	2.181	2.1378	21.6%		7.11	0.000
	匹配后	2.181	2.1792	0.9%	95.8%	0.21	0.834
ENDEP	匹配前	0.36731	0.37229	−10.5%		−3.25	0.001
	匹配后	0.36731	0.36599	2.8%	73.5%	0.66	0.509
ROA	匹配前	0.03019	0.03579	−11.0%		−3.24	0.001
	匹配后	0.03019	0.03003	0.3%	97.2%	0.07	0.942
LNSIZE	匹配前	22.215	22.095	10.5%		3.26	0.001
	匹配后	22.215	22.181	3.0%	71.9%	0.68	0.496
EPS	匹配前	0.31045	0.33327	−5.0%		−1.55	0.120
	匹配后	0.31045	0.31454	−0.9%	82.1%	−0.21	0.835
YJ	匹配前	0.97926	0.96273	9.9%		2.81	0.005
	匹配后	0.97926	0.98068	−0.8%	91.4%	−0.23	0.816
PAY	匹配前	14.17	14.348	−25.4%		−8.01	0.000
	匹配后	14.17	14.166	0.6%	97.6%	0.14	0.888

在银企信贷关系、股权关系与高管关系叠加的回归中，本章以董事会规模 *BOARD*、独立董事占比 *ENDEP*、资产负债率 *LEV*、是否被四大审计 *BIG*4、每股收益 *EPS*、账面市值比 *MB*、审计费用 *LNFEE* 和经营现金流资产比例 *CFO* 为测试变量，控制年份，进行 Logit 回归，得到每个样本的倾向匹配得分，进行一比三最近邻匹配。从表 7.5 可以发现，PSM 有效地平衡了处理组与控制组变量的差异，匹配后变量的标准化偏差均小于 10%。

表 7.5　关于银企信贷、股权和高管关系叠加的 PSM 平衡趋势检验

变量	是否匹配	均值		偏差	偏差减少	t 检验	
		处理组	控制组			t 值	p 值
BOARD	匹配前	2.2163	2.143	36.0%		7.86	0.000
	匹配后	2.2155	2.2133	1.1%	97.0%	0.16	0.875
ENDEP	匹配前	0.36729	0.37144	−8.9%		−1.76	0.078
	匹配后	0.36725	0.37035	−6.7%	25.4%	−0.99	0.324
LEV	匹配前	0.55161	0.4479	53.9%		10.38	0.000
	匹配后	0.55109	0.5515	−0.2%	99.6%	−0.03	0.975
BIG4	匹配前	0.03211	0.04321	−5.8%		−1.13	0.258
	匹配后	0.03218	0.03218	0.0%	100.0%	−0.00	1.000
EPS	匹配前	0.32554	0.32955	0.9%		−0.18	0.855
	匹配后	0.32609	0.29819	6.3%	−595.3%	0.91	0.364
MB	匹配前	0.6079	0.54238	26.3%		5.33	0.000
	匹配后	0.60709	0.61462	−3.0%	88.5%	−0.45	0.651
LNFEE	匹配前	13.658	13.646	1.9%		0.39	0.698
	匹配后	13.654	13.65	0.8%	59.4%	0.11	0.911
CFO	匹配前	0.02462	0.02988	−8.5%		−1.75	0.080
	匹配后	0.02494	0.02399	1.5%	81.9%	0.22	0.824

由表 7.6 可以看出,$XDGG$ 的回归系数为 0.0022,在 1% 的水平上显著为正,表明银企信贷关系和高管关系共存时,企业现金流操控受到的监督更弱;$XDGQ$ 的回归系数为 −0.0031,在 10% 的水平上显著为负,表明银企信贷关系和股权关系共存时,能够有效遏制现金流操控;$XDGQGG$ 的回归系数为 −0.0035,并不显著为负,表明企业与银行之间同时存在信贷关系、股权关系和高管关系时,对现金流操控的抑制作用较为微弱,银企关系叠加的监督作用未能得到有效发挥。

表 7.6　银企关系叠加与现金流操控的回归结果

变量	UFO		
	(1)	(2)	(3)
XDGG	0.0022***		
	(2.6006)		

变量	UFO		
	(1)	(2)	(3)
XDGQ		−0.0031*	
		(−1.6508)	
XDGQGG			−0.0035
			(−0.7827)
BOARD	0.0045	−0.0015	−0.0074
	(0.6953)	(−0.2497)	(−0.6072)
ENDEP	0.0216	0.0139	−0.0034
	(1.2139)	(0.8452)	(−0.1007)
LEV	0.0140***	0.0158	0.0445**
	(3.9108)	(1.4471)	(2.2756)
ROA	0.1023***	0.0426	0.1337***
	(4.4114)	(1.4121)	(4.0666)
LNSIZE	−0.0018	0.0043	−0.0010
	(−0.9347)	(1.2586)	(−0.2505)
TOP	0.0056	−0.0256*	−0.0694***
	(0.8880)	(−1.8196)	(−4.0953)
GROWTH	0.0091***	0.0043**	0.0117*
	(13.6789)	(2.2810)	(1.8842)
EPS	−0.0007	0.0006	−0.0002
	(−0.6504)	(0.1844)	(−0.0420)
MB	−0.0170***	−0.0329***	−0.0287**
	(−3.0371)	(−5.1329)	(−2.4503)
AM	0.1632***	0.1518***	0.0965***
	(5.3744)	(6.0992)	(4.6654)

第 7 章　银企关系叠加与现金流操控

变量	UFO		
	(1)	(2)	(3)
E_PROD	0.0112***	0.0135***	0.0220***
	(2.5913)	(3.1594)	(3.7903)
E_DISP	0.0533***	0.0322**	0.0822***
	(4.0836)	(2.0601)	(2.7743)
YEAR	Yes	Yes	Yes
Constant	0.0491	0.0351	−0.1633***
	(1.0786)	(0.6882)	(−3.4012)
Obs	11 998	4 526	2 068
Within_R^2	0.121	0.100	0.0966

注：本书中括号内分别为 t 值；* 表示 $p<0.1$，** 表示 $p<0.05$，*** 表示 $p<0.01$；下同。

7.3.3 稳健性检验

1. 替换因变量

本章借鉴 Roychowdhury(2006)[63]对销售操控的度量模型，计算销售操控程度 UFOS，替换现金流操控变量 UFO，以 PSM 前的样本为基础进行检验。由表 7.7 回归结果可以看出 XDGG 的回归系数为 0.0020，在 1% 的水平上显著为正，XDGQ 的回归系数为−0.0019，在 10% 的水平上显著为负，XDGQGG 的回归系数为−0.0001，并不显著。回归结果表明信贷关系和高管关系共存时，叠加作用体现为监督弱化，强化了现金流操控；企业与银行信贷关系和股权关系共存，信贷关系、股权关系和高管关系共存时，叠加关系对现金流操控的抑制作用大于强化作用，总体表现为对现金流操控的遏制作用。以上结果表明，替换因变量后，前文结论依然成立。

2. 替换控制变量

本节将模型(7.1)中股权集中度的度量指标由第一大股东持股比例 TOP 替换为前五大股东持股比例 TOP5，以 PSM 后的样本为基础进行检验。由表 7.7 回归结果可以看出 XDGG 的回归系数为 0.0021，在 10% 的水平上显著为正，XDGQ 的回归系数为−0.0032，在 5% 的水平上显著，XDGQGG 的回归系数为−0.0038，并不显著为负。回归结果表明替换控制变量后，各维度银企关系的叠加作用仍未变化，前文结论依然成立。

表 7.7　稳健性检验(1)～(3)的回归结果

变量	UFOS 替换因变量			UFO 替换控制变量			UFO 剔除其他叠加关系	
	(1)	(2)	(3)	(4)	(5)	(6)	(7)	(8)
XDGG	0.0020***			0.0021**			0.0028**	
	(3.7333)			(2.3720)			(2.2846)	
XDGQ		-0.0019*			-0.0032*			-0.0025
		(-1.7696)			(-1.6486)			(-1.0716)
XDGQGG			-0.0001			-0.0038		
			(-0.0913)			(-0.8473)		
BOARD	-0.0001	0.0001	0.0001	0.0036	-0.0009	-0.0053	0.0042	-0.0031
	(-0.0249)	(0.0551)	(0.0534)	(0.5730)	(-0.1563)	(-0.4183)	(0.6582)	(-0.4551)
ENDEP	0.0033	0.0034	0.0036	0.0221	0.0154	-0.0180	0.0205	0.0231
	(0.4855)	(0.4946)	(0.5130)	(1.2241)	(0.9357)	(-0.5227)	(1.1455)	(0.9149)
LEV	0.0073**	0.0073**	0.0073**	0.0164***	0.0159	0.0409**	0.0148***	0.0130
	(2.3915)	(2.4003)	(2.3855)	(4.0460)	(1.3811)	(2.0800)	(4.1924)	(1.2831)
ROA	0.0745***	0.0745***	0.0745***	0.1027***	0.0435	0.1317***	0.1014***	0.0266
	(5.1166)	(5.1116)	(5.1057)	(4.3282)	(1.4749)	(3.7652)	(3.9360)	(0.9604)
LNSIZE	-0.0011	-0.0010	-0.0011	-0.0026	0.0038	0.0014	-0.0015	0.0018
	(-0.8652)	(-0.7920)	(-0.8089)	(-1.4818)	(1.1351)	(0.3300)	(-0.8291)	(0.4792)
TOP	-0.0008	-0.0008	-0.0007				0.0046	-0.0244*
	(-0.3999)	(-0.4048)	(-0.3706)				(0.6299)	(-1.8101)

银企价关系与现金流操控

变量	UFOS 替换因变量			替换控制变量		UFO	剔除其他叠加关系	
	(1)	(2)	(3)	(4)	(5)	(6)	(7)	(8)
$TOP5$				0.0228***	0.0051	-0.0567***		
				(5.3917)	(0.6403)	(-4.1830)		
$GROWTH$	0.0056***	0.0057***	0.0057***	0.0087***	0.0041**	0.0122*	0.0088***	0.0010
	(7.3105)	(7.4652)	(7.4553)	(12.6683)	(2.1374)	(1.9234)	(9.6101)	(0.4409)
EPS	0.0054***	0.0054***	0.0054***	-0.0012	0.0000	-0.0009	-0.0006	0.0014
	(10.8497)	(10.6718)	(10.6362)	(-1.1053)	(0.0155)	(-0.2145)	(-0.6780)	(0.7147)
MB	-0.0169***	-0.0170***	-0.0170***	-0.0164***	-0.0330***	-0.0291**	-0.0175***	-0.0328***
	(-3.9068)	(-3.9186)	(-3.9075)	(-2.8667)	(-5.2869)	(-2.4162)	(-3.3767)	(-4.3204)
AM	0.1533***	0.1532***	0.1532***	0.1627***	0.1516***	0.0993***	0.1621***	0.1551***
	(6.6114)	(6.6070)	(6.6019)	(5.3738)	(6.0325)	(4.8356)	(5.4422)	(8.7875)
E_PROD	0.0098***	0.0099***	0.0099***	0.0113***	0.0135***	0.0215***	0.0094**	0.0147***
	(4.3407)	(4.3550)	(4.3721)	(2.6115)	(3.1377)	(3.8674)	(1.9752)	(3.7900)
E_DISP	0.0405***	0.0404***	0.0405***	0.0514***	0.0308**	0.0880***	0.0581***	0.0386**
	(4.0322)	(4.0380)	(4.0384)	(3.9556)	(2.0425)	(3.0480)	(3.9873)	(2.1662)
$YEAR$	Yes	Yes	Yes	Yes	Yes	Yes	Yes	Yes
$Constant$	0.0602**	0.0586**	0.0587**	0.0616	-0.0381	0.0542	0.0481	0.0157
	(2.2158)	(2.1158)	(2.1311)	(1.2449)	(-0.4706)	(0.4506)	(-0.9481)	(0.1783)
Obs	23 385	23 385	23 385	11 933	4 538	1 627	11 182	3 610
$Within\_R^2$	0.108	0.108	0.108	0.123	0.0947	0.115	0.120	0.0963

3. 剔除其他叠加关系

为了使样本更干净,得到更准确的结论,本节以 PSM 后的样本为基础,在检验某一叠加关系的同时,剔除存在其他叠加关系的样本。例如,检验银企信贷关系和高管关系叠加对现金流操控的影响时,剔除存在银企信贷关系和股权关系叠加,银企信贷关系、股权关系和高管关系叠加的样本,以此类推。由表 7.7 回归结果可以看出 $BANKGG$ 的回归系数为 0.0028,在 5％的水平上显著为正,$BANKGQ$ 的回归系数为 0.0025,并不显著,前文结论依然成立[①]。

7.4 进一步研究:基于公司治理的分组检验

本节直接对股权性质、董事长兼任总经理、高管薪酬存在差异时,银企关系叠加对现金流操控的作用变化进行描述。

表 7.8 是对银企信贷关系和高管关系叠加与现金流操控的关系基于公司治理因素的分组检验结果。可以发现,就股权性质而言,国企样本中 $XDGG$ 的回归系数为 0.0005,并不显著,民企样本中 $XDGG$ 的回归系数为 0.0044,在 1％的水平上显著为正。这说明,在民企中银企信贷关系和高管关系叠加与现金流操控的正向关系更强,国有股权性质能够有效抑制这种叠加关系对现金流操控的强化作用。就董事长是否兼任总经理而言,董事长兼任总经理时 $XDGG$ 的回归系数为 0.0028,并不显著为正,董事长与总经理两职分离时,$XDGG$ 的回归系数为 0.0021,在 1％的水平上显著为正。这说明,董事长兼任总经理能够有效抑制银企信贷关系和高管关系叠加对现金流操控的强化作用,董事长与总经理两职分离则会加剧这种叠加关系对现金流操控的强化作用。就高管薪酬而言,薪酬较高样本中 $XDGG$ 的回归系数为 0.0031,在 5％的水平上显著为正,薪酬较低样本中 $XDGG$ 的回归系数为 0.0016,并不显著为正。这说明,赋予高管较高薪酬能够加剧银企信贷关系和高管关系叠加对现金流操控的强化作用,给予高管适度范围内的薪酬能够有效抑制这种叠加关系对现金流操控的正向影响。

表 7.9 是对银企信贷关系和股权关系叠加与现金流操控的关系基于公司治理因素的分组检验结果。可以发现,就股权性质而言,国企样本中 $XDGQ$ 的回归系数为 −0.0007,并不显著,民企样本中 $XDGQ$ 的回归系数为 −0.0079,在 5％的水平上显著为负。这说明,在民企中银企信贷关系和股权关系叠加与现金流操控的

① 由于基于银企信贷关系、股权关系与高管关系叠加,剔除其他叠加关系时,剩余样本内不存在银企信贷关系、股权关系与高管关系叠加的样本,所以该检验无法进行。

表 7.8　银企信贷关系和高管关系叠加与现金流操控——基于公司治理的分组检验

变量	UFO					
	股权性质		董事长兼任总经理		高管薪酬	
	国企	民企	是	否	高	低
	(1)	(2)	(3)	(4)	(5)	(6)
XDGG	0.0005	0.0044***	0.0028	0.0021***	0.0031**	0.0016
	(0.3188)	(6.2762)	(1.1964)	(2.5917)	(2.4015)	(1.3239)
BOARD	0.0138**	−0.0009	0.0245**	0.0063	0.0015	0.0058
	(2.2688)	(−0.0973)	(1.9882)	(0.9342)	(0.2194)	(0.6112)
ENDEP	0.0100	0.0309***	0.0954**	0.0117	0.0405*	0.0042
	(0.4182)	(2.7299)	(1.9688)	(0.5949)	(1.8028)	(0.2055)
LEV	0.0153**	0.0119**	0.0162	0.0149***	0.0248***	0.0001
	(2.5524)	(2.5320)	(1.4276)	(3.4607)	(2.9460)	(0.0119)
ROA	0.0946***	0.0841**	0.1054***	0.0708***	0.1217***	0.0733***
	(5.3884)	(2.1489)	(2.9352)	(3.0721)	(4.2957)	(3.4623)
LNSIZE	−0.0046*	−0.0007	0.0029	−0.0034	−0.0032*	0.0044***
	(−1.9591)	(−0.3825)	(1.0362)	(−1.5602)	(−1.8059)	(2.6872)
TOP	0.0023	0.0222***	0.0113	0.0057	0.0061	0.0066
	(0.2487)	(2.9538)	(0.7887)	(0.8261)	(0.5294)	(0.6367)
GROWTH	0.0071***	0.0100***	0.0080***	0.0100***	0.0107***	0.0077***
	(4.7062)	(7.3904)	(2.9887)	(8.4907)	(6.0483)	(10.6600)
EPS	−0.0035**	0.0049*	−0.0020	0.0022*	−0.0009	−0.0007
	(−1.9862)	(1.8528)	(−0.4243)	(1.9056)	(−0.6587)	(−0.3182)
MB	−0.0131	−0.0212***	−0.0339***	−0.0153**	−0.0165***	−0.0235***
	(−1.4865)	(−3.4410)	(−3.1157)	(−2.1440)	(−2.8612)	(−3.5972)
AM	0.1575***	0.1712***	0.2088***	0.1545***	0.1554***	0.1656***
	(5.1182)	(5.4794)	(7.4857)	(5.0139)	(4.1527)	(6.3769)
E_PROD	0.0097**	0.0124*	0.0044	0.0137***	0.0083**	0.0123*
	(2.5073)	(1.8950)	(0.3017)	(3.9799)	(2.3142)	(1.8326)
E_DISP	0.0372*	0.0580***	0.0749***	0.0426***	0.0427**	0.0292**
	(1.8995)	(4.2283)	(3.1631)	(2.9496)	(2.0690)	(2.4458)
YEAR	Yes	Yes	Yes	Yes	Yes	Yes

变量	UFO					
	股权性质		董事长兼任总经理		高管薪酬	
	国企	民企	是	否	高	低
	(1)	(2)	(3)	(4)	(5)	(6)
Constant	0.0993*	0.0331	−0.1218	0.0862*	0.0868*	−0.0682
	(1.8970)	(0.7170)	(−1.4362)	(1.7990)	(1.8029)	(−1.2767)
Obs	5 247	6 686	2 660	9 273	5 956	5 977
Within_R^2	0.109	0.137	0.144	0.118	0.117	0.118

负向关系更强,国有股权性质会削弱这种叠加关系对现金流操控的抑制作用。就董事长是否兼任总经理而言,董事长兼任总经理时 $XDGQ$ 的回归系数为 −0.0010,并不显著,董事长与总经理两职分离时,$XDGQ$ 的回归系数为 −0.0035,在 5% 的水平上显著为负。这说明,董事长兼任总经理会削弱银企信贷关系和股权关系叠加对现金流操控的抑制作用,董事长与总经理两职分离则会加强这种叠加关系对现金流操控的负向影响。就高管薪酬而言,薪酬较高样本中 $XDGQ$ 的回归系数为0.0078,在 1% 的水平上显著为正,薪酬较低样本中 $XDGQ$ 的回归系数为−0.0132,在 1% 的水平上显著为负。这说明,赋予高管较高薪酬会削弱银企信贷关系和股权关系叠加对现金流操控的抑制作用,给予高管适度范围内的薪酬能够加强这种叠加关系对现金流操控的负向影响。

表 7.9　银企信贷关系和股权关系叠加与现金流操控——基于公司治理的分组检验

变量	UFO					
	股权性质		董事长兼任总经理		高管薪酬	
	国企	民企	是	否	高	低
	(1)	(2)	(3)	(4)	(5)	(6)
XDGQ	−0.0007	−0.0079**	−0.0010	−0.0035**	0.0078***	−0.0132***
	(−0.4421)	(−2.0975)	(−0.1617)	(−2.4802)	(3.1547)	(−4.5899)
BOARD	0.0011	−0.0203***	0.0530***	−0.0078	0.0043	−0.0033
	(0.1199)	(−3.9074)	(6.1831)	(−1.4106)	(0.3965)	(−0.4986)
ENDEP	−0.0482**	0.0685**	0.2302***	0.0030	0.0757**	−0.0300
	(−1.9798)	(2.4384)	(3.0952)	(0.1982)	(2.0628)	(−1.0965)

变量	UFO					
	股权性质		董事长兼任总经理		高管薪酬	
	国企	民企	是	否	高	低
	(1)	(2)	(3)	(4)	(5)	(6)
LEV	0.0311***	0.0057	−0.0470**	0.0241**	0.0059	−0.0003
	(2.9373)	(0.4398)	(−2.2640)	(2.5059)	(0.6394)	(−0.0235)
ROA	0.0587	0.0201	−0.0072	0.0555***	0.0183	−0.0056
	(1.3137)	(0.3934)	(−0.2132)	(2.8652)	(0.4403)	(−0.1486)
LNSIZE	0.0015	0.0084***	0.0059	0.0047	−0.0002	0.0107***
	(0.5127)	(2.8081)	(1.2996)	(1.2391)	(−0.0674)	(2.5987)
TOP	−0.0418**	0.0028	−0.0511**	−0.0220*	−0.0033	−0.0335*
	(−2.5691)	(0.2706)	(−2.0634)	(−1.9143)	(−0.1328)	(−1.6467)
GROWTH	−0.0005	0.0089***	0.0120*	0.0015	0.0023	0.0060***
	(−0.2672)	(3.4580)	(1.8659)	(0.7407)	(0.9425)	(3.0823)
EPS	0.0019	0.0021	0.0112	0.0016	0.0040	0.0004
	(0.4375)	(0.2987)	(1.5305)	(0.5365)	(0.6840)	(0.0946)
MB	−0.0372***	−0.0304***	−0.0403**	−0.0325***	−0.0151	−0.0381***
	(−5.1456)	(−3.1979)	(−2.1085)	(−4.3930)	(−1.5281)	(−5.1527)
AM	0.1482***	0.1604***	0.1892***	0.1557***	0.1485***	0.1738***
	(8.7745)	(3.8621)	(5.8759)	(6.7041)	(3.3861)	(11.1399)
E_PROD	0.0099***	0.0142*	0.0412**	0.0117***	0.0118	0.0167***
	(2.6351)	(1.9177)	(2.2344)	(3.7334)	(1.5405)	(2.7123)
E_DISP	0.0139	0.0159	0.0128	0.0187	0.0636	−0.0125
	(0.5380)	(0.6300)	(0.2732)	(1.1370)	(1.4887)	(−0.3763)
YEAR	Yes	Yes	Yes	Yes	Yes	Yes
Constant	0.0456	−0.1079	−0.2297***	−0.0326	0.0085	−0.1342*
	(0.6278)	(−1.5721)	(−2.8071)	(−0.3945)	(0.1054)	(−1.8324)
Obs	2 313	2 225	859	3 679	2 262	2 276
Within_R^2	0.0966	0.122	0.167	0.0982	0.0884	0.129

表 7.10 是对银企信贷关系、股权关系和高管关系叠加与现金流操控的关系基于公司治理因素的分组检验结果。可以发现，就股权性质而言，国企样本中 $XDGQGG$ 的回归系数为 -0.0097，在 1% 的水平上显著为负，民企样本中 $XDGQGG$ 的回归系数为 -0.0040，并不显著为负。这说明，在国企中银企信贷关系、股权关系和高管关系叠加与现金流操控的负向关系更强，非国有股权性质无法放大这种叠加关系对现金流操控的抑制作用。就董事长是否兼任总经理而言，董事长兼任总经理时 $XDGQGG$ 的回归系数为 0.0244，在 1% 的水平上显著为正，董事长与总经理两职分离时，$XDGQGG$ 的回归系数为 -0.0109，在 5% 的水平上显著为负。这说明，董事长兼任总经理会削弱银企信贷关系、股权关系和高管关系叠加对现金流操控的抑制作用，董事长与总经理两职分离则会加强这种叠加关系对现金流操控的负向影响。就高管薪酬而言，薪酬较高样本中 $XDGQGG$ 的回归系数为 0.0036，并不显著，薪酬较低样本中 $XDGQGG$ 的回归系数为 -0.0134，在 5% 的水平上显著为负。这说明，赋予高管较高薪酬会削弱银企信贷关系、股权关系和高管关系叠加对现金流操控的抑制作用，给予高管适度范围内的薪酬能够加强这种叠加关系对现金流操控的负向影响。

表 7.10　银企信贷、股权和高管关系叠加与现金流操控——基于公司治理的分组检验

变量	UFO					
	股权性质		董事长兼任总经理		高管薪酬	
	国企	民企	是	否	高	低
	(1)	(2)	(3)	(4)	(5)	(6)
$XDGQGG$	-0.0097^{***}	-0.0040	0.0244^{***}	-0.0109^{**}	0.0036	-0.0134^{**}
	(-3.2297)	(-0.5488)	(3.7158)	(-2.0215)	(0.9078)	(-2.2073)
$BOARD$	0.0588^{***}	-0.0383	0.0107	-0.0141	-0.0252	0.0488
	(5.3890)	(-1.3740)	(0.2644)	(-1.2749)	(-1.4513)	(1.5352)
$ENDEP$	0.0763	0.0427	-0.0112	-0.0151	0.0444	0.0703
	(1.4919)	(0.8727)	(-0.0939)	(-0.4470)	(0.5904)	(0.7869)
LEV	0.0428^{**}	0.1116^{***}	0.0043	0.0295	0.0461	0.0053
	(2.0155)	(4.3398)	(0.1639)	(1.4210)	(1.2680)	(0.3793)
ROA	0.0774	0.0800	-0.2852	0.0993^{***}	-0.0090	0.0901^{*}
	(1.5835)	(0.6902)	(-1.5949)	(3.2574)	(-0.0800)	(1.7626)
$LNSIZE$	-0.0102	-0.0091	-0.0911^{***}	-0.0007	0.0079	0.0037
	(-1.5367)	(-0.9421)	(-4.2708)	(-0.1499)	(1.2937)	(0.2670)

变量	UFO					
	股权性质		董事长兼任总经理		高管薪酬	
	国企	民企	是	否	高	低
	(1)	(2)	(3)	(4)	(5)	(6)
TOP	−0.0125	−0.1055 ***	−0.0553	−0.0649 ***	−0.0987 **	−0.1822 ***
	(−0.5666)	(−2.8383)	(−0.3811)	(−2.9234)	(−2.5197)	(−5.6878)
$GROWTH$	0.0042	0.0186 *	0.0563 ***	0.0087	0.0080	0.0083 ***
	(0.6074)	(1.9253)	(8.0802)	(1.4639)	(1.2172)	(3.6611)
EPS	0.0018	0.0182 *	0.0837 ***	0.0013	0.0189 ***	0.0063
	(0.3668)	(1.7243)	(3.8729)	(0.3019)	(2.9639)	(0.8372)
MB	−0.0378 ***	−0.0349	0.0715 **	−0.0282 **	−0.0135	−0.0302 ***
	(−5.1316)	(−1.3525)	(2.0956)	(−2.0919)	(−0.5825)	(−3.4212)
AM	0.1158 ***	0.1011 **	0.1420 ***	0.0930 ***	0.1167 ***	0.1055 ***
	(7.6675)	(2.3666)	(4.4610)	(4.7419)	(4.7636)	(2.8533)
E_PROD	0.0175 ***	0.0246 **	0.0788 ***	0.0140 ***	0.0315 ***	0.0072
	(5.2875)	(2.2663)	(3.7658)	(2.8817)	(4.3248)	(0.4573)
E_DISP	0.0644 ***	0.1585 ***	−0.1470 ***	0.0954 *	0.0572 **	0.1013 *
	(2.9013)	(3.7554)	(−3.9073)	(1.9421)	(2.5318)	(1.9338)
$YEAR$	Yes	Yes	Yes	Yes	Yes	Yes
$Constant$	0.1113	0.2991	1.8635 ***	0.1249	−0.0804	−0.0918
	(0.8183)	(1.1705)	(4.2179)	(1.1686)	(−0.6202)	(−0.3864)
Obs	904	723	285	1342	813	814
$Within\_R^2$	0.111	0.191	0.546	0.0769	0.161	0.203

7.5 进一步研究:基于宏观经济形势的分组检验

本节直接对宏观经济政策不确定性和货币政策宽松度存在差异时,银企关系叠加对现金流操控的作用变化进行描述。

表 7.11 是对银企信贷关系和高管关系叠加与现金流操控的关系基于宏观经济形势因素的分组检验结果。可以看出,就经济政策不确定性而言,不确定性较高时,$XDGG$ 的回归系数为 0.0011,在 5% 的水平上显著为正,不确定性

较低时,*XDGG* 的回归系数为 0.0016,并不显著为正。这说明,在经济政策不确定性较高时,银企信贷关系和高管关系叠加与现金流操控的正向关系更强,较低的经济政策不确定性能有效抑制这种叠加关系对现金流操控的强化作用。就货币政策而言,货币政策宽松时,*XDGG* 的回归系数为 0.0047,在 1% 的水平上显著为正;货币政策紧缩时,*XDGG* 的回归系数为 −0.0003,并不显著。这说明,在货币政策宽松时,银企信贷关系和高管关系叠加与现金流操控的正向关系更强,紧缩的货币政策会有效抑制这种叠加关系对现金流操控的强化作用。

表 7.11　银企信贷和高管关系叠加与现金流操控——基于宏观经济形势的分组检验

变量	UFO			
	EPU		M1	
	较高	较低	宽松	紧缩
	(1)	(2)	(3)	(4)
XDGG	0.0011**	0.0016	0.0047***	−0.0003
	(2.2611)	(1.3832)	(5.2878)	(−0.1686)
BOARD	0.0117*	0.0157**	−0.0022	0.0072**
	(1.8810)	(2.5672)	(−0.3291)	(2.3420)
ENDEP	0.0278	0.0387***	0.0193	0.0121
	(0.8933)	(3.2684)	(1.0442)	(0.5095)
LEV	0.0250***	0.0116**	0.0073***	0.0153***
	(4.8582)	(1.9882)	(3.4536)	(5.1721)
ROA	0.1526***	0.0668***	0.0938***	0.1264***
	(12.3191)	(4.1671)	(4.3984)	(4.2527)
LNSIZE	−0.0065***	0.0087***	0.0020	−0.0049**
	(−4.4907)	(4.8910)	(1.0854)	(−2.3346)
TOP	0.0294***	−0.0061	0.0160	−0.0093**
	(4.3167)	(−0.7002)	(1.5422)	(−2.4346)
GROWTH	0.0085***	0.0063***	0.0091***	0.0056***
	(7.4645)	(6.9832)	(12.3245)	(10.1943)
EPS	−0.0051***	0.0013	0.0000	−0.0039***
	(−3.9796)	(0.5821)	(0.0065)	(−2.7355)

变量	UFO			
	EPU		M1	
	较高	较低	宽松	紧缩
	(1)	(2)	(3)	(4)
MB	−0.0086***	−0.0322***	−0.0078	−0.0138***
	(−8.9635)	(−4.4432)	(−1.3670)	(−5.2594)
AM	0.1332***	0.1781***	0.1924***	0.1308***
	(13.3129)	(5.3005)	(7.6065)	(5.4146)
E_PROD	0.0148***	0.0142***	0.0041	0.0082***
	(2.8060)	(6.0261)	(1.0865)	(3.0356)
E_DISP	0.0700***	0.0078	0.0762***	0.0604***
	(6.3968)	(0.7623)	(3.6004)	(3.2493)
YEAR	Yes	Yes	Yes	Yes
Constant	0.1178***	−0.1988***	−0.0186	0.1237**
	(3.0978)	(−5.6071)	(−0.5163)	(2.4283)
Obs	5 831	6 102	6 149	5 784
Within_R^2	0.117	0.115	0.133	0.112

表 7.12 是对银企信贷关系和股权关系叠加与现金流操控的关系基于宏观经济形势因素的分组检验结果。可以看出,就经济政策不确定性而言,不确定性较高时,$XDGQ$ 的回归系数为 −0.0070,在 1% 的水平上显著为负,不确定性较低时,$XDGQ$ 的回归系数为 −0.0025,并不显著为负。这说明,在经济政策不确定性较高时,银企信贷关系和股权关系叠加对现金流操控的抑制作用更强,较低的经济政策不确定性会削弱这种叠加关系对现金流操控的负向影响。就货币政策而言,货币政策宽松时,$XDGQ$ 的回归系数为 −0.0051,在 1% 的水平上显著为负;货币政策紧缩时,$XDGQ$ 的回归系数为 −0.0030,并不显著。这说明,在货币政策宽松时,银企信贷关系和股权关系叠加对现金流操控的抑制作用更强,紧缩的货币政策会削弱这种叠加关系对现金流操控的负向影响。

表 7.13 是对银企信贷关系、股权关系和高管关系叠加与现金流操控的关系基于宏观经济形势因素的分组检验结果。可以看出,就经济政策不确定性而言,不确定性较高时,$XDGQGG$ 的回归系数为 0.0275,在 1% 的水平上显著为正,不确定性

表 7.12　银企信贷关系和股权关系叠加与现金流操控——基于宏观经济形势的分组检验

变量	UFO			
	EPU		M1	
	较高	较低	宽松	紧缩
	(1)	(2)	(3)	(4)
XDGQ	−0.0070***	−0.0025	−0.0051***	−0.0030
	(−4.9718)	(−1.4524)	(−2.9605)	(−0.8754)
BOARD	−0.0064**	−0.0119	−0.0246***	0.0252***
	(−2.3235)	(−1.3951)	(−3.6050)	(2.8716)
ENDEP	0.0155	−0.0120	0.0181	0.0332**
	(0.3765)	(−0.4855)	(0.7799)	(2.1334)
LEV	0.0146*	0.0200**	0.0372***	−0.0096
	(1.8904)	(2.0529)	(3.6003)	(−1.3079)
ROA	−0.0476	0.0809***	0.1255***	−0.0357
	(−1.1007)	(3.9041)	(8.2189)	(−0.8529)
LNSIZE	−0.0052***	0.0088***	0.0032	0.0007
	(−3.1341)	(4.0950)	(1.4207)	(0.1587)
TOP	0.0111	−0.0485***	0.0417**	−0.0408**
	(0.7890)	(−3.9269)	(2.4440)	(−2.3593)
GROWTH	0.0116***	0.0016	−0.0007	0.0052***
	(2.6865)	(1.3266)	(−0.2879)	(2.7984)
EPS	0.0017	0.0048***	0.0005	0.0011
	(0.7022)	(2.8274)	(0.1569)	(0.2860)
MB	−0.0484***	−0.0207***	0.0160**	−0.0417***
	(−7.8498)	(−4.2920)	(2.0663)	(−8.4532)
AM	0.0683***	0.1556***	0.1981***	0.0823***
	(4.7464)	(7.5123)	(6.1681)	(4.3768)
E_PROD	−0.0163**	0.0218***	0.0175***	0.0183***
	(−2.1265)	(5.4446)	(3.2728)	(3.9255)
E_DISP	0.0911***	−0.0148	−0.0348	0.0728***
	(4.2521)	(−1.4518)	(−1.4508)	(3.3264)

变量	UFO			
	EPU		M1	
	较高	较低	宽松	紧缩
	(1)	(2)	(3)	(4)
YEAR	Yes	Yes	Yes	Yes
Constant	0.1965***	−0.1129*	−0.0272	0.0020
	(4.8932)	(−1.9057)	(−0.8976)	(0.0197)
Obs	1 583	2 955	1 910	2 628
Within_R^2	0.121	0.107	0.125	0.0716

较低时,$XDGQGG$ 的回归系数为−0.0080,并不显著为负。这说明,在经济政策不确定性较高时,银企信贷关系、股权关系和高管关系叠加对现金流操控的抑制作用被削弱,较低的经济政策不确定性会强化这种叠加关系对现金流操控的负向影响。就货币政策而言,货币政策宽松时,$XDGQGG$ 的回归系数为−0.0273,在1％的水平上显著为负;货币政策紧缩时,$XDGQGG$ 的回归系数为0.0151,在1％的水平上显著为正。这说明,在货币政策宽松时,银企信贷关系、股权关系和高管关系叠加对现金流操控的抑制作用更强,紧缩的货币政策会削弱这种叠加关系对现金流操控的负向影响。

表7.13　银企信贷关系、股权关系和高管关系叠加与现金流操控——
基于宏观经济形势的分组检验

变量	UFO			
	EPU		M1	
	较高	较低	宽松	紧缩
	(1)	(2)	(3)	(4)
XDGQGG	0.0275***	−0.0080	−0.0273***	0.0151***
	(6.8915)	(−1.4548)	(−6.0339)	(2.6781)
BOARD	−0.0178	0.0288**	0.0063	0.0552***
	(−0.6245)	(2.5058)	(0.4849)	(6.3586)
ENDEP	0.1558**	0.0845	0.4289***	0.1492***
	(2.0124)	(1.6339)	(8.3984)	(6.6345)

变量	UFO			
	EPU		M1	
	较高	较低	宽松	紧缩
	(1)	(2)	(3)	(4)
LEV	0.0640*	0.0685***	0.0158	0.0859***
	(1.6527)	(5.0111)	(1.0159)	(6.1509)
ROA	0.5163***	0.0470	−0.0043	0.3061***
	(7.3833)	(1.3039)	(−0.1584)	(15.0356)
LNSIZE	0.0069	0.0042*	−0.0037	−0.0156***
	(0.9718)	(1.8297)	(−1.1239)	(−5.4654)
TOP	0.0727	−0.0641***	−0.0262	−0.0852***
	(1.3457)	(−3.0393)	(−1.4115)	(−9.0655)
GROWTH	−0.0013	0.0160**	−0.0033	0.0133
	(−0.2234)	(2.2548)	(−1.0744)	(1.4142)
EPS	−0.0163	0.0146***	0.0225***	−0.0197***
	(−1.4018)	(4.3581)	(3.2142)	(−3.7137)
MB	−0.0536*	−0.0479***	0.0442***	−0.0451***
	(−1.7491)	(−6.3210)	(4.2337)	(−3.4443)
AM	−0.0696**	0.1315***	0.1876***	0.1015***
	(−2.2812)	(8.8931)	(7.2198)	(9.1386)
E_PROD	−0.0799***	0.0307***	0.0198**	0.0054
	(−10.9509)	(3.9391)	(2.0087)	(1.0705)
E_DISP	0.0077	0.0758**	−0.0505***	0.0847*
	(0.3464)	(2.5693)	(−2.6529)	(1.7715)
YEAR	Yes	Yes	Yes	Yes
Constant	0.0468***	−0.1345***	0.0314	0.0506***
	(2.8496)	(−5.1829)	(0.7091)	(4.0314)
Obs	13 184	10 201	11 180	12 205
Within_R^2	0.114	0.102	0.121	0.111

7.6 本章小结

本章以2008—2019年A股上市企业为样本,采用国泰安和万得等数据库中的数据,以PSM方法缓解内生性后的样本为研究基础,理论分析和实证检验了银企关系叠加对现金流操控的影响,研究发现:在银企关系叠加对现金流操控影响的研究中,银企信贷关系和高管关系叠加与现金流操控显著正相关,银企信贷关系和股权关系叠加与现金流操控显著负相关,银企信贷关系、股权关系和高管关系叠加与现金流操控负相关但不显著。通过替换因变量、控制变量和剔除其他银企关系进行稳健性检验后,上述结论依然成立。

本章进一步基于公司治理和宏观经济形势的差异,分组检验银企关系叠加对现金流操控的影响。在关于公司治理的分组检验中,研究发现,国有股权性质、董事长兼任总经理、赋予高管较低薪酬能够有效遏制银企信贷关系和高管关系叠加对现金流操控的强化作用;非国有股权性质、董事长与总经理两职分离、赋予高管较低薪酬能够增强银企信贷关系和股权关系叠加对现金流操控的抑制作用;国有股权性质、董事长与总经理两职分离、赋予高管较低薪酬能够增强银企信贷关系、股权关系和高管关系叠加对现金流操控的抑制作用。这说明在国有企业更适合与银行建立信贷关系与高管关系叠加,以及信贷关系、股权关系与高管关系叠加,这些叠加关系能够有效抑制银企关系叠加对现金流操控的强化作用,放大银企关系叠加对现金流操控的抑制作用;民营企业则应与银行同时构建信贷关系与股权关系,它有助于抑制银企关系叠加对现金流操控的强化作用。存在银企信贷关系和高管关系叠加的企业应尽可能使董事长兼任总经理,削弱银企信贷关系和高管关系叠加对现金流操控的强化作用;存在银企信贷关系和股权关系叠加,以及银企信贷关系、股权关系和高管关系叠加的企业,应尽可能使得董事长与总经理两职分离,以此强化银企信贷关系和股权关系叠加,以及银企信贷关系、股权关系和高管关系叠加对现金流操控的抑制作用。企业应将高管薪酬控制在适度范围内,有效遏制银企信贷关系与高管关系叠加对现金流操控的强化作用,强化银企信贷关系和股权关系叠加,以及银企信贷关系、股权关系和高管关系叠加对现金流操控的遏制作用。

在关于宏观经济形势的分组检验中,研究发现,经济政策不确定性较高和货币政策宽松时,银企信贷关系和高管关系叠加对现金流操控的强化作用更强;经济政策不确定性较高和货币政策宽松时,银企信贷关系和股权关系叠加对现金流操控的抑制作用更强;经济政策不确定性较低、货币政策宽松时,银企信贷关系、股权关系和高管关系叠加对现金流操控的抑制作用更强。这说明,对于存在银企信贷关系和高管关系叠加的企业而言,在经济政策不确定性较高和货币政策宽松期,应多加防范并采取有效措施,削弱这类银企关系对现金流操控的强化作用;对于存在银企信贷关系和股权关系叠加的企业,在经济政策不确定性较高和货币政策宽松期,应该放大上述叠加关系对现金流操控的抑制作用;对于存在银企信贷关系、股权关系和高管关系叠加的企业,在经济政策不确定性较低和货币政策宽松期,应该充分利用上述叠加关系对现金流操控的抑制作用。

第8章 研究结论、建议与展望

8.1 研究结论

本书以 2008—2019 年 A 股上市企业为样本,采用国泰安和万得等数据库中的数据,理论分析和实证检验了银企信贷关系、股权关系、高管关系及叠加关系对现金流操控的影响。相关研究发现如下。

（1）在银企信贷关系对现金流操控影响的研究中,银企信贷关系强度与现金流操控显著正相关,说明银企信贷关系越亲密,银企间"人情关系"越深厚,非正规渠道贷款越多,银行对企业的债权治理越弱,企业的现金流操控越严重。

本书基于公司治理和宏观经济形势的差异,分组检验了银企信贷关系对现金流操控的影响。在关于公司治理的分组检验中,研究发现,国有股权性质、董事长与总经理两职分离、赋予高管更高薪酬能够有效遏制银企信贷关系对现金流操控的强化作用。在关于宏观经济形势的分组检验中,研究发现,经济政策不确定性较高、货币政策宽松时,银企信贷关系对现金流操控的强化作用更明显。

（2）在银企股权关系对现金流操控影响的研究中,银企股权关系强度与现金流操控显著负相关,即银行持股企业强度和企业持股银行强度均与现金流操控显著负相关,说明银企股权关系越深厚,越能有效发挥银行对企业的股权监督、专业咨询等功能,抑制企业的现金流操控。

本书基于公司治理和宏观经济形势的差异,分组检验了银企股权关系对现金流操控的影响。在关于公司治理的分组检验中,研究发现,国有股权性质、董事长与总经理两职分离、赋予高管更低薪酬能够有效增强银行持股企业强度对现金流操控的抑制作用,国有股权性质、董事长与总经理两职分离、赋予高管更高薪酬能够有效增强企业持股银行强度对现金流操控的抑制作用。

在关于宏观经济形势的分组检验中,研究发现,经济政策不确定性较低时,银行持股企业强度和企业持股银行强度对现金流操控的抑制作用更明显;货币政策宽松时,银行持股企业强度对现金流操控的抑制作用被削弱,企业持股银行强度对现金流操控的抑制作用更明显。

（3）在银企高管关系对现金流操控影响的研究中，银企高管关系强度与现金流操控显著正相关，说明银企高管关系密切会造成"融资软约束"、股权代理成本上升、管理者权力放大、滋生信贷寻租等现象，激化企业投机行为的动机并减少操纵成本，弱化了对企业的监督，使银企高管关系对现金流操控呈现强化的作用。

本书基于公司治理和宏观经济形势的差异，分组检验了银企高管关系对现金流操控的影响。在关于公司治理的分组检验中，研究发现，非国有股权性质、赋予高管较低薪酬能够有效遏制银企高管关系强度对现金流操控的强化作用，董事长兼任总经理会抑制银企高管关系强度对现金流操控的强化作用，只是这种抑制作用并不显著。

在关于宏观经济形势的分组检验中，研究发现，经济政策不确定性较低对银企高管关系与现金流操控之间正向关系的抑制作用更强，但是这种抑制作用并不显著，货币政策宽松会削弱银企高管关系强度与现金流操控的正相关关系。

（4）在银企关系叠加对现金流操控影响的研究中，银企信贷关系和高管关系叠加与现金流操控显著正相关，银企信贷关系和股权关系叠加与现金流操控显著负相关，银企信贷关系、股权关系和高管关系叠加与现金流操控负相关但不显著。这说明银企信贷关系和高管关系叠加进一步拓展了企业在银行领域的社会资本，尽管高管关系的存在及加强也能够为企业带来一些好处，但同时也会给企业带来"融资软约束"、股权代理成本上升、信贷寻租等问题，在我国不成熟的环境下，企业聘请具有银行背景高管带来的不利的作用也会加倍；银企信贷关系和股权关系的叠加，银企信贷关系、股权关系和高管关系叠加能够弱化管理层和股东、股东和债权人的利益冲突，减少企业投机动机，有效发挥银行的债权监督和股权作用，抑制企业的现金流操控。

本书基于公司治理和宏观经济形势的差异，分组检验了银企关系叠加对现金流操控的影响。在关于公司治理的分组检验中，研究发现，国有股权性质、董事长兼任总经理、赋予高管较低薪酬能够有效遏制银企信贷关系和高管关系叠加对现金流操控的强化作用；非国有股权性质、董事长与总经理两职分离、赋予高管较低薪酬能够增强银企信贷关系和股权关系叠加对现金流操控的抑制作用；国有股权性质、董事长与总经理两职分离、赋予高管较低薪酬能够增强银企信贷关系、股权关系和高管关系叠加对现金流操控的抑制作用。

在关于宏观经济形势的分组检验中，研究发现，经济政策不确定性较低和货币政策紧缩时，银企信贷关系和高管关系叠加对现金流操控的强化作用被削弱；经济政策不确定性较高和货币政策宽松时，银企信贷关系和股权关系叠加对现金流操控的抑制作用更强;经济政策不确定性较低和货币政策宽松时,银企信贷关系、股权关系和高管关系叠加对现金流操控的抑制作用更强。

8.2 政策建议

为了优化我国银企关系,提高信贷资源配置效率,有效遏制现金流操控的投机现象,本章提出以下政策建议。

8.2.1 合理运用银企关系,抑制现金流操控

当前中国经济处于转型期,企业面临"融资难""融资贵"问题,同时银行业改革逐步推进,银行商业化程度不断加深,行政化色彩逐渐消减。企业出于获取外部融资的目的,银行出于吸纳稳定客户的诉求,均有动机基于信贷、股权及高管渠道建立银企关系以实现双赢。此时,企业如何合理筹划与银行的关系模式,基于自身实际情况须搭建银企关系,充分运用银行这一外部融资机构的监督作用及信贷资源,是广大企业亟须解决的现实课题。通过银企关系视角抑制企业的投机行为,减弱现金流操控,需要基于银企关系类型有针对性地放大银企关系的监督功能,削弱银企关系的不良作用。

(1)当企业与银行之间只存在单一关系时:①信贷关系是最传统的银企关系表现形式,企业应该警惕与银行长久密切信贷关系的背后所隐藏的寻租行为,合理利用"人情关系",防范银企基于信贷关系产生的规则外行为,发挥银行债权监督功能;②企业应深刻体会银企股权关系带来的监督作用,吸引更多数量的银行股东、更高比例的银行股份,增加对银行的股权持有数量和股份比例,在通过股权关系缓解融资约束的同时,充分利用银行的监督作用,遏制投机行为,实现银行与企业长久稳定的股权收益;③企业应完善对具有银行背景高管的聘用、激励、考核及监管机制,搭建企业运用银行人脉资源获取资金支持的正规渠道,规范银企高管交流的方式,加强对银企高管交流过程的监督。

(2)当企业与银行之间存在叠加关系时:①企业应关注银企信贷关系和高管关系叠加对包含现金流操控在内的投机行为的强化作用,加强企业与银行信贷业务的规范性,严格审查高管银行背景,缩小投机行为操纵空间;②为了从更多渠道获取信贷融资,企业应该尽可能地实现银企信贷关系和股权关系叠加,银企信贷关系、股权关系和高管关系叠加,避免银企信贷关系和高管关系叠加,大力发挥银企关系带来的监督作用,制约"融资软约束",减少企业股权与债权、管理者与股东的利益冲突。

8.2.2 完善公司治理结构,助推银企关系良性功能发挥

银企关系对现金流操控产生影响,需要借助公司治理结构的土壤,公司治理结构的差异促使银企关系对现金流操控的影响有了不同的走向,企业应当完善公司治理结构的各个角度,推动银企关系的良性功能得到更大限度的发挥。本书研究发现,银企关系对现金流操控的影响受到股权性质、董事长兼任总经理及高管薪酬这三个公司治理因素的影响,企业可从上述三个因素出发完善公司治理结构,优化银企关系作用的发挥。

(1) 当企业与银行之间只存在单一关系时:①国有企业应尽可能地建立和深化银企信贷关系和股权关系,加大对银行背景高管的约束力度,有效遏制银企信贷关系对现金流操控的强化作用,激化银行持股企业与企业持股银行对现金流操控的抑制作用和银企高管关系对现金流操控的强化作用;民营企业则应积极通过以聘任具有银行背景的高管搭建银企关系,同时应严厉打击信贷关系中的寻租行为,警惕股权关系引发的融资软约束等不利作用。②企业可以通过使董事长与总经理两职分离,实现董事会对总经理的有效监督,有效遏制银企信贷关系对现金流操控的强化作用,激化银行持股企业与企业持股银行对现金流操控的抑制作用,发挥银企信贷关系与股权关系对现金流操控的有利作用。但是,也需要警惕银企高管关系对现金流操控的强化作用被加剧,应及时采取相关监督机制,将负面影响控制在一定范围内,尽可能转变董事会结构,使董事长兼任总经理,实现总经理的"管家职能",提高管理效率,削弱管理层投机动机,减少管理层操纵空间,遏制银企高管关系对现金流操控的强化作用。③企业可以通过赋予高管更多薪酬激励,减弱高管通过现金流操控获取更高业绩奖励的动机,发挥银企信贷关系及企业持股银行带来的优势作用,有效遏制银企信贷关系对现金流操控的强化作用,激化企业持股银行对现金流操控的抑制作用;同时,企业需要警惕高薪酬激励下,银行持股企业对现金流操控的抑制作用被削弱,银企高管关系对现金流操控的强化作用被加剧,应将高管薪酬控制在适度范围内,促使银行通过持股企业有效发挥对企业现金流操控的遏制作用,削弱银企高管关系因管理层权力被放大而对现金流操控产生的强化作用。

(2) 当企业与银行存在叠加关系时:①国有企业应尽可能与银行建立信贷关系和高管关系叠加,以及信贷关系、股权关系和高管关系叠加。同时,企业应该构建相关机制,防范银企信贷关系和股权关系叠加对现金流操控的抑制作用被削弱;民营企业则应与银行同时构建信贷关系和股权关系,以有效加强这类银企关系叠加对现金流操控的抑制作用,且应该关注银企信贷关系和高管关系叠加对现金流

操控的强化作用被加剧,以及信贷关系、股权关系和高管关系叠加对现金流操控的抑制作用被削弱的现象,应及时采取相应措施,减少这类银企关系叠加对企业带来的不利影响。②企业可以使董事长兼任总经理,削弱银企信贷关系和高管关系叠加的负面作用,存在银企信贷关系和股权关系叠加以及银企信贷关系、股权关系和高管关系叠加的企业,应促使董事长与总经理两职分离,增强银企信贷关系和股权关系叠加,以及银企信贷关系、股权关系和高管关系叠加对现金流操控的抑制作用。③企业可以通过将高管薪酬控制在适度范围内,完善薪酬激励制度,提高薪酬激励有效性,遏制银企信贷关系与高管关系叠加对现金流操控的强化作用,放大银企信贷关系和股权关系叠加以及银企信贷关系、股权关系和高管关系叠加对现金流操控的遏制作用。

8.2.3 积极应对宏观经济形势,促使银企关系"顺周期"

银企关系对现金流操控的作用受到宏观经济形势的影响,当企业受到宏观经济政策的引导、处于宏观经济政策的不同阶段、面临宏观经济政策波动时,需要审时度势、积极应对。经济政策不确定性代表了宏观经济形势的波动程度,货币政策则是影响信贷政策传导机制的主要宏观经济政策,本书以经济政策不确定性和货币政策宽松度为宏观经济形势代表因素,检验了两者对银企关系与现金流操控关系的作用。企业可基于经济政策不确定性和货币政策宽松度,以本书的实证结果为实践指导,促使银企关系顺应宏观经济形势,发挥优势作用,弱化不利影响,帮助企业在宏观经济形势中平稳过渡,抑制现金流操控。

(1)当企业与银行之间只存在单一关系时:①企业面临的经济政策不确定性较高时,企业应该警惕银企信贷关系对现金流操控的强化作用被放大、银行持股企业和企业持股银行对现金流操控的抑制作用被削弱的现象,为了预防经济政策频繁变动时上述不利影响的出现,企业应该构建长效应对机制,基于政策变动及时转变融资策略,加大对与银行进行信贷业务和股权关系构建及发展过程的监督力度。此时,银企高管关系对现金流操控的强化作用,会由于经济政策不确定性的上升被削弱,由于这种削弱作用不够明显,企业应多加关注这一现象,及时采取策略,尽可能放大这种抑制作用,有效削弱银企高管关系对现金流操控的强化作用。②货币政策宽松时,企业应该关注到银企信贷关系对现金流操控的强化作用和企业持股银行对现金流操控的抑制作用会被放大、银行持股企业对现金流操控的抑制作用和银企高管关系对现金流操控的强化作用会被削弱。此时,企业应该加强对银企信贷业务的流程监管,打击信贷寻租行为,合理配置企业资金,确保银企股权关系的治理作用可以有效发挥,及时调整高管约束与激励机制,进一步削弱高管为完成融资任务产生的操控动机。

（2）当企业与银行存在叠加关系时：①经济政策不确定性较高时，企业应与银行尽可能地构建信贷关系和股权关系，这能够有效抑制银企关系对现金流操控的强化作用；存在银企信贷关系和高管关系叠加，以及银企信贷关系、股权关系和高管关系叠加的企业，应该及时采取相关举措，促使这两类银企关系叠加在经济政策不确定性较高时，能够削弱对现金流操控的强化作用，放大对现金流操控的抑制作用。②货币政策宽松时，企业应尽可能地构建银企信贷关系和股权关系叠加，以及银企信贷关系、股权关系和高管关系叠加，充分发挥这两种叠加关系对现金流操控的抑制作用，防范银企信贷关系和高管关系叠加对现金流操控的强化作用，加大对银企信贷关系和高管关系构建及发展过程中投机行为的打击力度，削弱银企信贷关系和高管关系叠加在货币政策宽松期对现金流操控的强化作用。

8.3 研究展望

本书以 2008—2019 年上市 A 股企业为研究对象，依托国泰安、万得等数据库和国家统计局公布的数据，获取企业银行贷款、企业前十大股东、企业参控股银行、公司治理、宏观经济形势等数据，理论分析和实证检验了银企信贷关系、银企股权关系、银企高管关系及叠加关系对现金流操控的影响，分组检验了公司治理情境和宏观经济形势的差异对上述关系的影响。研究结论具有一定的理论创新和实践价值，但囿于研究时间、研究设计、个人能力及数据获取的局限性，存在一些不足有待后续改进。

8.3.1 关于银企关系的定位研究

基于前人对银企关系的定义，本书将银企关系定义为银企信贷关系、银企股权关系、银企高管关系及它们的叠加。但是这种定义是基于管理学研究层面，是从易度量、应用广等角度进行的概括。实际上，银行与企业的关系并非仅有以上几种表现形式，还可以从社会学、伦理学等角度总结银企之间的信任关系。对银企关系进行更深入地挖掘还需要结合多种学科领域的理论基础和研究方法，实现不同学科之间的交叉融合，为进一步拓展银企关系研究奠定丰厚的理论基础，从而深化银企关系与现金流操控之间关系的理论。

8.3.2 关于现金流操控的模型研究

孟艳玲等（2010）[65] 通过比较 Dechow 等（1998）[7]、Barth 等（2001）[62]、

Roychowdhury(2006)[63]和李彬等(2009)[64]的研究,发现李彬等(2009)[64]的模型解释能力优于其他模型,所以本书借鉴李彬等(2009)[64]的研究方法度量现金流操控模型。但是这种模型构建和比较是基于 2010 年以前的企业数据得出的结果,未必适用于当前企业的实际情形,可能无法全面深入地体现企业的现金流操控。对现金流操控的合理测度需要基于深厚的理论功底、扎实的计量基础和对企业实践的准确把握,从而推进现金流操控研究的进一步深入。

8.3.3　关于银企关系与现金流操控的影响机制研究

本书的研究设计是在理论分析和实证检验银企信贷关系、银企股权关系、银企高管关系及其叠加关系与现金流操控关系的基础上,进一步基于代表公司治理的股权性质、董事长兼任总经理和高管薪酬,以及代表宏观经济形势的经济政策不确定和货币政策,分组检验在公司治理和宏观经济形势存在差异的情况下上述基础关系的变化。出于全文研究的统一性,这种设计未能深入探明在不同银企关系各自特征下,银企关系如何影响现金流操控。此外,基于对各章内容更精炼的考量,本书对公司治理和宏观经济形势的影响通过选择代表变量进行验证,难免存在研究不够全面的缺陷。同时,基于本书研究的主要目的在于搭建清晰的结构,明确各类银企关系对现金流操控的作用在不同情境下的演化,因此,未对银企关系影响现金流操控的路径进行深入探索。后续的研究可以着眼于不同银企关系下的特有行为、组织模式等进行理论分析与验证,尝试检验银企关系对现金流操控发挥作用的路径。

参 考 文 献

[1] ALI A. The incremental information content of earnings, working capital from operations, and cash flows[J]. Journal of Accounting Research, 1994, 32(1):61-74.

[2] BARTH M E, BEAVER W H, HAND J R M, LANDSMAN W R. Accruals, cash flows, and equity values[J]. Review of Accounting Studies, 1999, 4(3/4):205-229.

[3] GRAHAM J R, HARVEY C R, RAJGOPAL S. The economic implications of corporate financial reporting[J]. Journal of Accounting and Eeconomics, 2005, 40(13):3-73.

[4] ABOODY D, KASZNIK R. CEO stock option awards and the timing of corporate voluntary disclosures[J]. Journal of Accounting and Economics, 2000, 29(1):73-100.

[5] 赵春光.现金流量价值相关性的实证研究:兼评现金流量表准则的实施效果 [J].会计研究,2004(2):29-35.

[6] NWAEZE E T, YANG S M, YIN Q J. Accounting information and CEO compensation: the role of cash flow from operations in the presence of earning[J]. Contemporary Accounting Research, 2006, 23(1):227-265.

[7] DECHOW P M, KOTHARI S P, WATTS R. The relation between earnings and cash flows[J]. Journal of Accounting and Economics, 1998, 25(2):133-168.

[8] 张国清.经营活动现金流量预测实证研究[J].当代财经,2007(1):104-112,119.

[9] 张俊瑞,董南雁,郭慧婷.从盈余管理到现金流操控:应计制与现金制融合背景下的新趋向[J].商情(经济理论研究),2007(1):31-33.

[10] 王啸.我国上市公司现金流量操纵现象分析[J].证券市场导报,2004(5):

34-42.

[11] 张俊瑞,郭慧婷,王玮.再融资公司现金流操控行为研究——来自中国 A 股市场的数据[J].山西财经大学学报,2008(10):119-124.

[12] 王蓉蓉.财务困境、分析师预测与经营现金流量管理[D].南京大学,2013.

[13] 郭慧婷,张俊瑞,李彬.高管激励与现金流操控关系及调节作用研究[J].华东经济管理,2015,29(4):163-176.

[14] 李世新,陈艳英.上市公司财务状况、投资价值与经营活动现金流操纵[J].财会通讯,2015(9):90-93.

[15] 张俊瑞,曾振,王鹏.现金流操控对盈余质量的影响——基于盈余持续性的视角[J].西安交通大学学报(社会科学版),2011,31(1):40-43.

[16] 郭慧婷,张俊瑞,吴群琪.现金流操控的短期美化效果和长期危害——上市公司现金流操控的经济后果研究[J].山西财经大学学报,2014,36(4):115-124.

[17] 尹彦力,刘名旭.现金流操纵:原因、方式与后果[J].财会通讯,2010(20):55-56.

[18] CIAMARRA E S. Monitoring by affiliated bankers on board of directors: evidence from corporate financing outcomes[J]. Financial Management, 2012, 41:665-702.

[19] BOOTH J R, D N DELI. On executives of financial institutions as outside directors[J]. Journal of Corporate Finance, 1999, 5(3):227-250.

[20] 陈仕华,马超.高管金融联结背景的企业贷款融资:由 A 股非金融类上市公司观察[J].改革,2013(4):111-119.

[21] 李维安,郝臣,崔光耀,郑敏娜,孟乾坤.公司治理研究 40 年:脉络与展望[J].外国经济与管理,2019,41(12):161-185.

[22] BERGER A N, UDELL G F. Relationship lending and Lines of Credit in Small Firm Finance[J]. The Journal of Business, 1995, 68(3):351.

[23] 罗付岩.银企关系对企业现金股利支付意愿和支付水平的影响——基于双栏模型的研究[J].管理评论,2019,31(11):60-70.

[24] LU Z, J ZHU, W ZHANG. Bank discrimination,holding bank ownership, and economic consequences: evidence from China[J]. Journal of Banking and Finance, 2012, 36(2):341-354.

[25] 林钟高,金迪.银行股权关联有助于供应商关系交易的维系吗——基于企业内部控制调节视角的检验[J].江西财经大学学报,2019(4):43-57.

[26] 唐莹,邓超.银企关系中小微企业信任的实证研究[J].管理评论,2017,29(9):

37-47.

[27] 李文贵,邵毅平.高管的银行背景、所有权性质与企业现金持有决策[J].财经论丛,2016(4):72-80.

[28] DIAMOND D W. financial intermediation and delegated monitoring? [J]. The Review of Economic Studies, 1984, 51(3):393-414.

[29] DIAMOND D W. Monitoring and reputation: the choice between bank loans and directly placed debt[J]. Journal of political Economy, 1991:689-721.

[30] HOUSTON J F, JAMES C M. Do relationships have limits? Banking relationships, financial constraints, and investment [J]. The Journal of Business, 2001, 74(3):347-374.

[31] 黄纯纯.公司上市、关系贷款与中国银企关系的重建[J].管理世界,2003(12):8-15,155.

[32] 张杰,经朝明,刘东.商业信贷、关系型借贷与小企业信贷约束:来自江苏的证据[J].世界经济,2007(03):75-85.

[33] UCHIDA H, UDELL G F, WATANABE W. Bank size and lending relationships in Japan [J]. Journal of the Japanese and International Economies, 2008, 22(2):242-267.

[34] 何韧,王维诚.银企关系与中小企业成长——关系借贷价值的经验证据[J].财经研究,2009(10):81-91.

[35] DASS N, MASSA M. The impact of a strong bank-firm relationship on the borrowing firm[J]. Review of Financial Studies, 2011, 24(4):1204-1260.

[36] 何韧,刘兵勇,王婧婧.银企关系、制度环境与中小微企业信贷可得性[J].金融研究,2012(11):103-115.

[37] 罗付岩.信息不对称、银企关系与企业投资效率[J].金融经济学研究,2013, 28(6):86-98.

[38] COTUGNO M, MONFERRA S, SAMPAGNARO G. Relationship lending, hierarchical distance and credit tightening: evidence from the financial crisis [J]. Journal of Banking and Finance, 2013, 37(5):1372-1385.

[39] VON RHEINBABEN J, RUCKES M. The number and the closeness of Bank Relationships[J]. Journal of Banking and Finance, 2004, 31(3):239-258.

[40] FARINHA L A, SAETAL X A. Switching from single to multiple bank lending relationships: determinants and implications [J]. Journal of

Financial Intermediation，2002，11(2)：124-151.

［41］NEUBERGER D，THKE S R A，SCHACHT C. The number of bank relationships of SMEs：a disaggregated analysis of changes in the swiss loan market［J］.Economic Notes，2006，35(3)：319-353.

［42］YU H，SOPRANZETTI B J，LEE C. Multiple banking relationships，managerial ownership concentration and firm value：a simultaneous equations approach［J］. The Quarterly Review of Economics and Finance，2012，52(3)：286-297.

［43］张耀伟,朱文娟,丁振松,刘思琪.综合化经营下银企关系、信息传递与银行系基金持股［J］.南开管理评论,2017,20(02)：81-93.

［44］王善平,李志军.银行持股、投资效率与公司债务融资［J］.金融研究,2011(5)：184-193.

［45］祝继高.银行与企业交叉持股的理论与依据——基于国际比较的研究［J］.国际金融研究,2012(2)：58-68.

［46］杜颖洁,杜兴强.银企关系、政治联系与银行借款——基于中国民营上市公司的经验证据［J］.当代财经,2013(2)：108-118.

［47］宋栋,冷国邦.银企关系模式的国际比较与中国银企关系模式的构建［J］.世界经济,2000(10)：69-72.

［48］陈伟光.银企关系：国际比较与中国的模式构建［J］.江西社会科学,2004(12)：166-169.

［49］马宏.我国银企关系与企业融资约束分析［J］.经济问题,2007(6)：60-63.

［50］罗付岩.银行关联对企业并购决策及并购市场绩效的影响研究［D］.西南交通大学,2015.

［51］QIAN Y. Financial system reform in China：lessons from Japan's main bank system［J］. The Japanese Main Bank System：Its relevance for developing and transforming economies，1995：552-591.

［52］赵昌文,杨记军,夏秋.中国转型期商业银行的公司治理与绩效研究［J］.管理世界,2009(7)：46-55.

［53］陈小伟,王啸.现金流量操纵的动机研究［J］.证券市场导报,2004(10).

［54］郭慧婷,张俊瑞,李彬,吴群琪.现金流操控：研究评述与展望［J］.管理现代化,2014,34(3)：123-125.

［55］AHARONY J，LEE C J，WONG T J. Financial packaging of IPO firms in China［J］. Journal of Accounting Research，2000(38)：103-126.

[56] 吴联生,薄仙慧,王亚平.现金流量在多大程度上被管理了:来自我国上市公司的证据[J].金融研究,2007(3):162-174.

[57] 郭慧婷,张俊瑞,徐萍.中国上市公司经营现金流操控程度研究——基于制造业和批发零售业上市公司的数据[J].山西财经大学学报,2010,32(4):106-113.

[58] 郭慧婷,张俊瑞,李彬.上市公司现金流操控动机选择研究[J].管理科学,2011,24(5):89-98.

[59] 方军雄.市场变迁与现金流操控——一项基于我国上市公司的实证研究[J].中国会计评论,2004(1):77-104.

[60] FRANKEL R. Managing reported operating cash flow:an empirical investigation of fourth quarter working capital decreases and benchmark beating[R]. Working Paper, Massachusetts Institute of Technology, 2005.

[61] 陈理.上市公司经营性现金流操纵实证研究[J].财经科学,2006(4):30-36.

[62] BARTH M E, CRAM D P, NELSON K K. Accruals and the prediction of future cash flows[J]. The Accounting Review, 2001, 76(1):27-58.

[63] ROYCHOWDHURY S. Earnings management through real activities manipulation[J]. Journal of Accounting and Economics, 2006, 42(3):335-370.

[64] 李彬,张俊瑞,郭慧婷.会计弹性与真实活动操控的盈余管理关系研究[J].管理评论,2009,21(6):99-107.

[65] 孟艳玲,张俊瑞.上市公司现金流量操控程度研究——来自中国 A 股市场的经验证据[J].山西财经大学学报,2010,32(5):93-100.

[66] 吴秋生,马文琪.应计盈余管理与现金流操控相互关系研究[J].财经研究,2021,47(2):154-168.

[67] BLAIR M M. Ownership and control:rethinking corporate governance for the twenty-first century[R]. The Broking Institution, 1995.

[68] 罗红霞.公司治理、投资效率与财务绩效度量及其关系[D].吉林大学,2014.

[69] JENSEN M C, MECKLING W H. Theory of the firm:managerial behavior, agency costs and ownership structure[J]. Social Science Electronic Publishing, 1976, 3(4):305-360.

[70] SHLEIFER A, VISHNY R W. Large shareholders and corporate control[J]. Journal of Political Economy, 1986,94(3):461-488.

[71] GROSSMAN S J, HART O. One share-one vote and the market for

参
考
文
献

corporate control [J]. Journal of Financial Economics,1988,20:175-202.

[72] BEBCHUK L A. Efficient and inefficient sales of corporate control[J]. NBER Working Papers, 1994, 109(4):957-993.

[73] BURKART M, GROMB D, PANUNZI F. Large shareholders, monitoring, and the value of the firm[J]. Quarterly Journal of Economics, 1997, 112(3):693-728.

[74] SHLEIFER A, VISHNY R W. A survey of corporate governance[J]. Journal of Finance, 1997, 52:737-783.

[75] SHIRLEY M M, WALSH P. Public vs. private ownership:the current state of the debate[J]. Social Science Electronic Publishing, 2000.

[76] KANE E J. The limits of stockholder privatization[R]. Working Paper, 1999.

[77] 苏文兵,李心合,徐东辉,许佳.经理自主权与R&D投入的相关性检验——来自中国证券市场的经验证据[J].研究与发展管理,2010,22(4):30-38.

[78] 陆正飞,王雄元,张鹏.国有企业支付了更高的职工工资吗？[J].经济研究,2012,47(3):28-39.

[79] FAMA E F, JENSEN M C. Separation of ownership and control[J]. Journal of Law and Economics, 1983, 26(2):301-325.

[80] D'AVENI F R A. CEO duality as a double-edged sword:how boards of directors balance entrenchment avoidance and unity of command[J]. Academy of Management Journal, 1994, 37(5):1079-1108.

[81] BRICKLEY J A, COLES J L, JARRELL G. Leadership structure: separating the CEO and chairman of the board[J]. Journal of Corporate Finance, 1997, 3(3):0-220.

[82] LANE PETER J,ALBERT A,CANNELLA J R, MICHAEL H L. Agency problems as antecedents to unrelated mergers and diversification[J]. Strategic Management Journal, 1998, 19(6):555-578.

[83] 卢锐.管理层权力、薪酬激励与绩效:基于中国证券市场的理论与实证研究[M].北京:经济科学出版社,2008.

[84] 周建,张双鹏,刘常建.分离CEO两职合一:代理问题缓和与战略继任的开始[J].管理科学,2015,28(3):1-13.

[85] 陈晓珊,匡贺武."两职合一"真正起到治理作用了吗？[J].当代经济管理,2018,40(4):22-29.

[86] WATTS R L, ZIMMERMAN J L. A positive accounting theory[J]. The

银企关系与现金流操控

Accounting Review, 1986, 65(5):455-468.

[87] MURPHY K J. Corporate performance and managerial remuneration: an empirical analysi[J]. Accounting and Economics, 1985, 7(4):11-42.

[88] 冯根福,赵珏航.管理者薪酬、在职消费与公司绩效——基于合作博弈的分析视角[J].中国工业经济,2012(6):147-158.

[89] 饶品贵,岳衡,姜国华.经济政策不确定性与企业投资行为研究[J].世界经济,2017(2):27-51.

[90] MCMULLEN J S, KIER A S. Trapped by the entrepreneurial mindset: opportunity seeking and escalation of commitment in the mount everest disaster[J]. Journal of Business Venturing, 2016, 31(6):663-686.

[91] MIRON J A, ROMER C D, WEIL D N. Historical perspectives on the monetary transmission mechanism [M]. National Bureau of Economic Research, Inc., 1994.

[92] STIEBALE J. Cross-border M&As and innovative activity of acquiring and target firms[J]. Journal of International Economics, 2016, (99):1-15.

[93] 张超,刘星.内部控制缺陷信息披露与企业投资效率——基于中国上市公司的经验研究[J].南开管理评论,2015,18(5):136-150.

[94] 连玉君,廖俊平.如何检验分组回归后的组间系数差异[J].郑州航空工业管理学院学报,2017, 35(6):97-109.

[95] BERGER A N, UDELL G F. The economics of small business finance:the roles of private equity and debt markets in the financial growth cycle[J]. Journal of Banking and Finance, 1998, 22(6):613-673.

[96] 何韧.论银行关系借贷的价值与风险[J].财经论丛,2005(2):71-75.

[97] BALTENSPERGER E. Credit rationing:issues and questions[J]. Journal of Money, Credit and Banking, 1978:170-183.

[98] AGARWAL R, ANN ELSTON J. Bank-Firm relationships, financing and firm performance in Germany [J]. Economics Letters, 2001, 72 (2): 225-232.

[99] BOOT A, THANKOR A V. Moral hazard and secured lending in an infinitely repeated credit market game[J]. International Economic Review, 1994(35):899-920.

[100] PETERSEN M A, RAJAN R G. The effect of credit market competition on lending relationships[J]. The Quarterly Journal of Economics, 1995:

参考文献

407-443.

[101] 曹敏,何佳,潘启良.金融中介及关系银行——基于广东外资企业银行融资数据的研究[J].经济研究,2003(3):44-53.

[102] JIANGLI W, UNAL H, YOM C. Relationship lending, accounting disclosure, and credit availability during the asian financial crisis[J]. Journal of Money, Credit and Banking, 2008, 40(1):25-55.

[103] 何韧.银企关系与银行贷款定价的实证研究[J].财经论丛,2010(1):57-63.

[104] 罗正英,周中胜,王志斌.金融生态环境、银行结构与银企关系的贷款效应——基于中小企业的实证研究[J].金融评论,2011(02):64-81.

[105] BHARATH S T, DAHIYA S, SAUNDERS A, et al. Lending relationships and loan contract terms[J]. Review of Financial Studies, 2011(24):1141-1203.

[106] CHUNG-HUA S, CHIEN-AN W. Does bank relationship matter for a firm's investment and financial constraints? The case of Taiwan[J]. Pacific-Basin Finance Journal, 2005, 13(2):163-184.

[107] 雷强.银行债权、贷款特征与自由现金约束——来自中国上市公司的经验数据[J].财经论丛,2010(4):46-52.

[108] 沈红波,张广婷,阎竣.银行贷款监督、政府干预与自由现金流约束——基于中国上市公司的经验证据[J].中国工业经济,2013(5):96-108.

[109] CASTELLI A, DWYER G P, HASAN I. Bank relationships and firms' financial performance:the Italian experience[J]. European Finance Management, 2012, 18(1):28-67.

[110] CHUNG R, FIRTH M, KIM J. Earnings management surplus-free cash flow,and external monitoring[J]. Journal of Business Research, 2005, 58(6):766-776.

[111] SUNGYOON A, WOOSEOK C. The role of bank monitoring in corporate governance:evidence from borrowers' earnings management behavior[J]. Journal of Banking and Finance, 2008, 33:425-434.

[112] 雷强.基于银行监督机制的上市公司盈余管理研究[J].软科学,2010,24(3):113-116.

[113] 雷强.银行监督与上市公司盈余管理关系的实证研究——来自中国证券市场的经验证据[J].审计与经济研究,2010,25(6):91-98.

[114] 雷强,李争争.银行债权与盈余管理的公司治理效应[J].金融论坛,2010,15(9):23-30.

[115] 陈骏.基于债务契约的银行监督有效吗?——来自盈余管理视角的经验证据[J].中央财经大学学报,2010(12):84-90.

[116] 赵纯祥,杨快.货币政策、银行监督与企业盈余管理[J].经济经纬,2019,36(3):102-109.

[117] 罗党论,唐清泉.政府控制、银企关系与企业担保行为研究——来自中国上市公司的经验证据[J].金融研究,2007(3):151-161.

[118] 蒋汇,朱玉杰.银企关系、政治联系与银行信贷筛选效率——来自中国上市企业的经验证据[J].经济学报,2018,5(4):103-135.

[119] 王毅春,孙林岩.银企关系、股权特征与会计稳健性——来自中国上市公司的经验证据[J].财政研究,2006(7):70-72.

[120] 徐昕,沈红波.银行贷款的监督效应与盈余稳健性——来自中国上市公司的经验证据[J].金融研究,2010(2):102-111.

[121] 罗付岩.股权至上、债权至上:银行持股能解决利益冲突吗[J].财贸研究,2016,27(1):142-150.

[122] 王旭.金融关联与债权人外部性治理效应——来自民营上市公司的经验数据[J].云南财经大学学报,2014,30(1):120-130.

[123] 杨毅,颜白鸾.银企关系对制造业中小企业贷款利率的影响研究——来自江苏徐州和广西柳州典型样本的证据[J].经济问题,2012(7):111-114.

[124] SWEENEY A P. Debt-covenant violations and managers' accounting responses [J]. Journal of Accounting and Economics, 1994, 17(3): 281-308.

[125] BENEISH M D. Detecting GAAP violation: implications for assessing earnings management among firms with extreme financial performance[J]. Journal Accounting and Public Policy, 1997, 16(3):271-309.

[126] 张玲,刘启亮.治理环境、控制人性质与债务契约假说[J].金融研究,2009(2):102-115.

[127] Anand JHA, SIDDHARTH SHANKAR. Effect of bank monitoring on earnings management of the borrowing firm:an empirical investigation[J]. The Journal of Financial Research, 2015, 2:219-253.

[128] 刘芹.银行债务契约与债务人盈余管理关系的实证研究[J].经济纵横,2012(6):114-117.

[129] 李增福,曾庆意,魏下海.债务契约、控制人性质与盈余管理[J].经济评论,2011(6):88-96.

[130] 石少丹.银行债务契约对真实盈余管理影响研究[D].东北财经大学,2013.

[131] ALOKE AL GHOSH, Doocheol M. Corporate debt financing and earnings quality[J]. Journal of Business Finance & Accounting, 2010, 37(5-6): 538-559.

[132] 薄澜,姚海鑫,王书林.债务融资与盈余管理的关系及其控制人性质差异分析——基于非平衡面板数据的经验研究[J].财政研究,2013,4:73-76.

[133] KANG J, SHIVDASANI A. Firm performance, corporate governance, and top executive turnover in Japan[J]. Journal of Financial Economics, 1995, 38(1):29-58.

[134] PAN X, TIAN G G. Does banks' dual holding affect bank lending and firms' investment decisions? Evidence from China[J]. Journal of Banking and Finance, 2015, 55:406-424.

[135] WEINSTEIN D E, YAFEH Y. On the costs of a bank-centered financial system: evidence from the changing main bank relations in Japan[J]. The Journal of Finance, 1998, 53(2):635-672.

[136] LIN X, Y ZHANG, N ZHU. Does bank ownership increase firm value? Evidence from China[J]. Journal of International Money and Finance, 2009, 28(4):720-737.

[137] 翟胜宝,易旱琴,郑洁,唐玮,曹学勤.银企关系与企业投资效率——基于我国民营上市公司的经验证据[J].会计研究,2014(4):74-80+96.

[138] TAKEO H, ANIL K, DAVID S. Corporate structure, liquidity, and investment: evidence from Japanese industrial groups[J]. The Quarterly Journal of Economics, 1991:33-60.

[139] 翟胜宝,张胜,谢露,郑洁.银行关联与企业风险——基于我国上市公司的经验证据[J].管理世界,2014(4):53-59.

[140] 翟胜宝,许浩然,唐玮,高康,曹蕾.银行关联与企业创新——基于我国制造业上市公司的经验证据[J].会计研究,2018(7):50-56.

[141] LAI S, LI X, CHAN K C. Does bank shareholding impact corporate innovation? Evidence from China[J]. Economic Modelling, 2020: 92.

[142] 罗付岩.银行关联对并购支付方式的影响[J].金融论坛,2016,21(9):33-44.

[143] GORTON G, SCHMID F A. Universal banking and the performance of German firms[J]. Journal of Financial Economics, 2000, 58(1-2):29-80.

[144] MAHRT-SMITH J. Should banks own equity stakes in their borrowers? A

contractual solution to hold-up problems [J]. Journal of Banking and Finance, 2006, 30(10):2911-2929.

[145] 曾宪岩.银行持股——解决集团性企业信息不对称的根本途径[J].湖北农村金融研究,2002(2):41-42.

[146] CAMPBELL II T L, KEYS P Y. Corporate governance in South Korea: the chaebol experience[J]. Journal of Corporate Finance, 2002, 8(4):373-391.

[147] JOH S W. Corporate governance and firm profitability: evidence from Korea before the economic crisis [J]. Journal of Financial Economics, 2003, 68(2):287-322.

[148] BEMOTAS D. Ownership structure and firm profitability in the Japanese keiretsu [J]. Journal of Asian Economics, 2005, 16(3):533-554.

[149] LUOW, ZHANG Y, ZHU N. Bank ownership and executive perquisites: new evidence from an emerging market[J]. Journal of Corporate Finance, 2011, 17(2):352-370.

[150] PROWSE S D. Institutional investment patterns and corporate financial behavior in the United States and Japan [J]. Journal of Financial Economics, 1990, 27(1):43-66.

[151] CHARUMILIND CHUTATONG KALI, et al. Connected lending: Thailand before the financial crisis[J]. The Journal of Business, 2006, 79(1):181-218.

[152] 蔺元.我国上市公司产融结合效果分析——基于参股非上市金融机构视角的实证研究[J].南开管理评论,2010,13(5):153-160.

[153] 郭牧炫,廖慧.民营企业参股银行的动机与效果研究——以上市民营企业为例[J].经济评论,2013(2):85-92.

[154] ESPENLAUB S, KHURSHED A, SITTHIPONGPANICH T. Bank connections,corporate investment and crisis[J]. Journal of Banking and Finance, 2012, 36(5):1336-1353.

[155] 陈运森,李培馨,陈栋.银行股权关联、融资约束与资本投资行为[J].中国会计评论,2015,13(02):205-228.

[156] 万良勇,廖明情,胡璟.产融结合与企业融资约束——基于上市公司参股银行的实证研究[J].南开管理评论,2015,18(2):64-72+91.

[157] 邓可斌.银行关联如何缓解融资约束:直接机制还是间接机制[J].当代财经,2017(5):46-58.

[158] 陈栋,陈运森.银行股权关联,货币政策变更与上市公司现金管理[J].金融研究,2012(12):122-136.

[159] 苑改霞,胡彦鑫.持股银行、融资约束与上市公司投资效率——基于内生性面板随机前沿模型的实证分析[J].东岳论丛,2020,41(5):28-39,191.

[160] 邹民.银企关系对真实盈余管理的影响[D].安徽财经大学,2015.

[161] 曹哲,辛宇,李东辉,庄明明.银行股权关联与公司违规——基于中国 A 股上市公司参股银行的实证研究[J].金融学季刊,2019,13(2):141-171.

[162] 庞欣,王克敏.地方国有上市公司持股商业银行动机和效应研究[J].经济理论与经济管理,2020(9):88-101.

[163] 郭牧炫.银行关联对民营企业融资约束的影响分析[D].南开大学,2013.

[164] BYRD D T, MIZRUCHI M S. Bankers on the board and the debt ratio of firms [J]. Journal of Corporate Finance, 2005, 11(1-2):129-173.

[165] ADAMS R B, FEIREIIA D. A theory of friendly boards[J]. The Journal of Finance, 2007, 62(1):217-250.

[166] FIORI G, TISCINI R, DI DONATO F. Bank-firm relation changes and earnings quality—an analysis on Italian small-medium sized companies[R]. Social Science Electronic Publishing, 2007.

[167] MITCHELL K, WALKER M D. Bankers on boards, financial constraints, and financial distress[J]. SSRN Electronic Journal, 2007.

[168] DITTMANN I, MAUG E, SCHNEIDER C. Bankers on the boards of German firms:What they do, what they are worth, and why they are (still) there[J]. Social Science Electronic Publishing, 2010,14(1):35-71.

[169] 唐建新,卢剑龙,余明桂.银行关系、政治联系与民营企业贷款——来自中国民营上市公司的经验证据[J].经济评论,2011(3):51-58.

[170] 刘浩,唐松,楼俊.独立董事:监督还是咨询?——银行背景独立董事对企业信贷融资影响研究[J].管理世界,2012(1):141-156,169.

[171] 陈共荣,谢佩君.金融发展、银行关联与民营企业贷款研究[J].财经理论与实践,2014(2):16-20.

[172] 邓建平,曾勇.金融关联能否缓解民营企业的融资约束[J].金融研究,2011(8):78-92.

[173] 苏灵,王永海,余明桂.董事的银行背景、企业特征与债务融资[J].管理世界,2011(10):176-177.

[174] 邓建平.银行关联、审计意见与债务契约——基于我国民营企业的实证研究

[J].上海立信会计学院学报,2011,25(6):28-37.

[175] 程小可,杨程程,姚立杰.内部控制、银企关联与融资约束——来自中国上市公司的经验证据[J].审计研究,2013(5):80-86.

[176] 祝继高,韩非池,陆正飞.产业政策、银行关联与企业债务融资——基于A股上市公司的实证研究[J].金融研究,2015(3):176-191.

[177] 黄新建,万会琴.银行关联、地区金融文化与企业委托理财[J].重庆大学学报(社会科学版),2017,23(3):11-22.

[178] RAMIREZ C D. Did J. P. Morgan's men add liquidity? Corporate investment, cash flow, and financial structure at the turn of the twentieth century[J]. The Journal of Finance, 1995, 50(2):661-678.

[179] HOSHI T, KASHYAP A, SCHARFSTEIN D. The role of banks in reducing the costs of financial distress in Japan[J]. Journal of Financial Economics, 1990, 27(1):67-88.

[180] BURAK GIINER A, U MALMENDIER, G TATE. Financial expertise of directors[J]. Journal of Financial Economics, 2008, 88(2):323-354.

[181] 宇文晶,王振山,崔文芳.银行关联、融资约束与企业现金-现金流敏感[J].山西财经大学学报,2017,39(7):29-43.

[182] TSENG Y C, CHANG C P, CHANG R D, et al.. The impact of bankers on the board on corporate dividend policy: evidence from an emerging market[J]. Emerging Markets Finance & Trade, 2012, 48:192-212.

[183] 李文贵.银行关联、所有权性质与企业风险承担[J].财经理论研究,2015(5):83-91.

[184] 巫岑,黎文飞,唐清泉.银企关系、银行业竞争与民营企业研发投资[J].财贸经济,2016,37(1):74-91.

[185] 曹越,易冰心,鲁昱.银企关系会影响企业税收规避行为吗?[J].金融评论,2017,9(5):73-91,125.

[186] 秦建文,关欣.高管银行背景对公司过度负债的影响研究:融资约束抑或代理冲突?[J].金融与经济,2018(12):32-40.

[187] ROSENSTEIN S, WYATT J G. Outside directors, board independence and shareholder wealth[J]. Journal of Financial Economics, 1990(26):175-191.

[188] LEE Y S, ROSENSTEIN S, WYATT J G. The value of financial outside directors on corporate boards[J]. International Review of Economics &

Finance, 1999, 8(4):421-431.

[189] KAPLAN S N, MINTON B A. Appointments of outsiders to Japanese boards: determinants and implications for managers[J]. Journal of Financial Economics, 1994, 36(2):225-258.

[190] MORCK R, NAKAMURA M. Banks and corporate control in Japan[J]. The Journal of Finance, 1999(1):319-339.

[191] SAITO T, ODAGIRI H. Intraboard heterogeneity and the role of bank-dispatched directors in japanese firms:An empirical study[J]. Pacific-Basin Finance Journal, 2008(5):572-590.

[192] FRYDMAN C. PREDATORS OR watchdogs? Bankers on corporate boards in the age of finance capitalism[R]. NBER Working Paper, 2011.

[193] 祝继高,陆峣,岳衡.银行关联董事能有效发挥监督职能吗? ——基于产业政策的分析视角[J].管理世界,2015(7):143-157,188.

[194] 余明桂,王娟.高管的银行背景、所有权性质与会计稳健性[J].财务研究,2015(2):68-77.

[195] 翟胜宝,陈紫薇,刘亚萍.银企关系与企业成本费用粘性[J].系统工程理论与实践,2015,35(4):928-938.

[196] KROSZNER R S, STRAHAN P E. Bankers on boards: monitoring, conflicts of interest, and lender liability[J]. Journal of Financial Economics, 2001, 62(3):415-452.

[197] KUO H C, YI-HSUN L, CHIA-PEN C, et al.. The impact of banker-directors on a firm's capital structure:evidence from Taiwan[J]. Academy of Management Annual Meeting Proceedings, 2012(1):13462.

[198] 郭慧婷,张俊瑞,李彬,刘东霖.再融资公司的现金分红和现金流操控研究[J].南京审计学院学报,2011,8(3):58-65.

[199] 周冬华,赵玉洁.半强制性分红政策与经营活动现金流操控[J].会计研究,2014(9):37-44+96.

[200] 李彬,张俊瑞.过度投资、盈余管理方式"合谋"与公司价值[J].经济科学,2013(1):112-125.

[201] 郭慧婷,张俊瑞,董南雁.我国上市公司管理层收购中的现金流操控[J].会计师,2007(9):4-9.

[202] 陈晨,惠楠.管理层防御与企业现金流操控——兼论外部盈余压力的调节效应[J].财会通讯,2018(3):113-117.

[203] BERGER A N, UDELL G F. Small business credit availability and relationship lending: the importance of bank organisational structure[J]. The Economic Journal, 2002, 112(477):32-53.

[204] ALLEN L, SAUNDERS A, UDELL G F. The pricing of retail deposits: concentration and information[J]. Journal of Financial Intermediation, 1991, 1(4):335-361.

[205] NAKAMURA L I. Commercial bank information: Implications for the structure of banking[R]. Working Papers.

[206] 支燕,吴河北.我国高技术产业产融结合的有效性研究[J].科学学与科学技术管理,2010,31(8):117-121.

[207] 余保福.银行业关联交易的法经济学分析[J].经济法论坛,2008(00):340-352.

[208] MODIGLIANI F, MILLER M H. The cost of capital, corporation finance, and the theory of investment[J]. American Economic Review, 1958, 48(3):261-297.

[209] WHITED T M, WU G. Financial constraints risk[J]. Review of Financial Studies, 2006, 19(2):531-559.

[210] 胡晖,张璐.利率市场化对成长型企业融资约束的影响——基于对中小板企业的研究[J].经济评论,2015(5):141-153.

[211] KRUEGER A O. The political economy of the rent-seeking society[J]. American Economic Review, 1974, 64(3):291-303.

[212] BHAGWATI J N. Directly unproductive, profit-seeking (DUP) activities [J]. Journal of Political Economy, 1982, 90(5):988-1002.

[213] 刘启君.寻租理论研究[D].武汉:华中科技大学,2005.

[214] 董玉飞,杨成良,李涛.我国信贷市场寻租活动探究[J].商业时代,2003(17):38-39.

[215] 蒋燕,胡日东.银监会、企业、商业银行寻租行为的博弈分析[J].价值工程,2005(8):112-115.

[216] 周莉,韩霞.产融结合资本配置效应的理论分析[J].中央财经大学学报,2010(2):65-69.

[217] 贾吉明.保险参股、经济环境与企业投融资[D].对外经济贸易大学,2017.

[218] 边燕杰,丘海雄.企业的社会资本及其功效[J].中国社会科学,2000(2):87-99,207.

[219] 金耀基.中国文化传统与发展传统文化与现代化,1993(3):10-15.

[220] JENSEN M C. Agency cost of free cash flow, corporate finance and takeovers [J]. American Economic Review, 1986, 76(2):323-329.

[221] 牟卿.我国上市公司银行债权治理研究[D].首都经济贸易大学,2015.

[222] 王满四,徐朝辉.银行债权治理与公司内部治理间的互动效应研究——基于管理层代理成本的实证分析[J].中国软科学,2017(12):100-115.

[223] NIKOLAEV V V. Outside blockholders' monitoring of management and debt financing:an alternative perspective[J]. Contemporary Accounting Research, 2015, 32(4):1405-1412.

[224] 郑志刚.投资者之间的利益冲突和公司治理机制的整合[J].经济研究,2004(2):115-125.

[225] 邓莉.商业银行在上市企业公司治理中的作用研究[D].重庆大学,2007.

[226] 吴晓晖,姜彦福.解决第二类委托代理问题的双核心理论观点研究[J].经济管理,2006(24):23-27.

[227] 谢平,陆磊.中国金融腐败的经济学分析——机制、行为与制度设计[M].北京:中信出版社,2005.

[228] 朱凯,陈信元.银行腐败与公司资本结构决策[J].金融研究,2007(1):28-40.

[229] 张敏,刘颛,张雯.关联贷款与商业银行的薪酬契约——基于我国商业银行的经验证据[J].金融研究,2012(5):108-122.

[230] 罗家德,叶勇助.中国人的信任游戏[M].北京:社会科学文献出版社,2007.

[231] 雷宇,杜兴强."关系"、会计信息与银行信贷——信任视角的理论分析与初步证据[J].山西财经大学学报,2011,33(8):115-124.

[232] SHARPE S A. Asymmetric information, bank lending and implicit contracts [J]. The Journal of Finance, 1990, 45(4):1069-1087.

[233] RAJAN R G. Insiders and outsiders:the choice between informed and arm's length debt[J]. The Journal of Finance, 1992, 47(4):1367-1400.

[234] HACHEM K C, SONG Z M. Liquidity regulation and unintended financial transformation in China[R]. NBER Working Papers, 2016.

[235] ALLEN F, QIAN J, QIAN M J. Law, finance, and economic growth in China[J]. Journal of Financial Economics, 2005(1):57-116.

[236] 罗付岩,赵佳星.基于零膨胀模型的我国银企关系规模影响因素研究[J].数理统计与管理,2017,36(2):351-360.

[237] 吴秋生,郭檬楠,张小芳.真实盈余管理与应计盈余管理关系研究——基于现

阶段我国企业所处环境的互动效应视角[J].南京审计大学学报,2018,15(1):87-96.

[238] 周夏飞.归类变更盈余管理:影响因素与经济后果[D].浙江大学,2017.

[239] 余明桂,潘红波.政治关系、制度环境与民营企业银行贷款[J].管理世界,2008(8):9-21,39,187.

[240] 洪怡恬.银企和政企关系、企业所有权性质与融资约束[J].宏观经济研究,2014(9):115-125.

[241] CONGER J A, LAWLER E E. A critical requirement for teamwork at the top[J]. Organizational Dynamics, 2009, 38(3):183-191.

[242] 王克敏.高管控制权、报酬与盈余管理——基于中国上市公司的实证研究[J].管理世界,2007(7):111-119.

[243] 高敬忠,王天雨,王英允.经济政策不确定性与"双高现象"[J/OL].外国经济与管理:1-16[2021-03-02].https://doi.org/10.16538/j.cnki.fem.20210115.201.

[244] STOKEY N L. The economics of inaction:Stochastic control models with fixed costs[M]. New Jersey:Princeton University Press, 2008.

[245] TALAVERA O, TSAPIN A, ZHOLUD O. Macroeconomic uncertainty and bank lending:The case of Ukraine[J]. Economic Systems, 2012, 36(2):279-293.

[246] 顾海峰,于家珺.中国经济政策不确定性与银行风险承担[J].世界经济,2019(11):148-171.

[247] ALESSANDRI P, BOTTERO M. Bank lending in uncertain times[R]. Becam Working Paper, 2017.

[248] KIM H, KUNG H. The asset redeployability channel:how uncertainty affects corporate investment[J]. Review of Financial Studies, 2017, 30(1):245-280.

[249] BORIO C, ZHU H. Capital regulation,risk-taking and monetary policy:a missing link in the transmission mechanism? [J]. Journal of Financial Stability, 2012, 8(4):236-251.

[250] 孙天琦,张观华.银行资本、经济周期和货币政策文献综述[J].金融研究,2008(1):191-205.

[251] 祝继高,陆正飞.货币政策、企业成长与现金持有水平变化[J].管理世界,2009(3):152-158,188.

[252] 靳庆鲁,孔祥,侯青川.货币政策、民营企业投资效率与公司期权价值[J].经

济研究,2012,47(5):96-106.

[253] 雒敏,聂文忠.财政政策、货币政策与企业资本结构动态调整——基于我国上市公司的经验证据[J].经济科学,2012(5):18-32.

[254] 胡锋,林冰茹.货币政策对公司资本结构的影响效应研究——来自中国上市公司的证据[J].山西财经大学学报,2015,37(11):27-40.

[255] GALAI D, MASULIS R W. The option pricing model and the risk factor of stock[J]. Journal of Financial Economics, 1976, 3(1-2):53-81.

[256] KONISHI M. Bond underwriting by banks and conflicts of interest: evidence from japan during the pre-war period[J]. Journal of Banking and Finance, 2002, 26(4):767-793.

[257] 蒋艳,夏云峰,醋卫华,雷丽彩.银行股权关联、高管权力与企业创新[J].财经科学,2017(2):25-37.

[258] STIGLITZ J E. Credit markets and the control of capital[J]. Journal of Money Credit and Banking, 1985, 17(2):133-152.

[259] 李维安,李滨.机构投资者介入公司治理效果的实证研究——基于CCGI～(NK)的经验研究[J].南开管理评论,2008(1):4-14.

[260] 叶建芳,李丹蒙,丁琼.真实环境下机构投资者持股与公司透明度研究——基于遗漏变量与互为因果的内生性检验分析视角[J].财经研究,2009,35(1):49-60.

[261] 陆瑶,朱玉杰,胡晓元.机构投资者持股与上市公司违规行为的实证研究[J].南开管理评论,2012,15(1):13-23.

[262] 梅洁,张明泽.基金主导了机构投资者对上市公司盈余管理的治理作用?——基于内生性视角的考察[J].会计研究,2016(4):55-60,96.

[263] 蔡宏标,饶品贵.机构投资者、税收征管与企业避税[J].会计研究,2015(10):59-65,97.

[264] 代昀昊.机构投资者、所有权性质与权益资本成本[J].金融研究,2018(9):143-159.

[265] 贺晓宇,张治栋.银行股权关联、高管背景与研发投入——来自制造业上市公司的分析[J].软科学,2018,32(8):49-52.

[266] 刘行,杨松岩.国有股权与基于所得税费用的盈余管理[J/OL].经济管理:1-13 [2021-03-02].https://doi.org/10.19616/j.cnki.bmj.2021.02.011.

[267] 厉国威,沈晓艳.企业战略差异、高管薪酬激励与审计师选择[J].财经论丛,2020(12):70-77.

[268] 王红建,李青原,邢斐.经济政策不确定性、现金持有水平及其市场价值[J].
金融研究,2014(9):53-68.

[269] BHATTACHARYA U,HSU P H,TIAN X,et al. What affects innovation
more: policy or policy uncertainty? [J]. Journal of Financial and
Quantitative Analysis, 2017, 52(5):1869-1901.

[270] 饶品贵,徐子慧.经济政策不确定性影响了企业高管变更吗? [J].管理世界,
2017(1):145-157.

[271] 王菁华,茅宁.经济政策不确定性与企业成本粘性——基于中国 A 股上市企
业的实证分析[J].外国经济与管理,2019,41(10):45-59.

[272] 董华平,孙勇.微观贷款数据的货币政策风险承担渠道研究——基于银行特
征、借款企业特征与贷款合约特征的视角[J].经济经纬,2020,37(06):
151-162.

[273] LA PORTA R, LOPEZ-DE-SILANE, SHLEIFER A, VISHNY R. Trust in
large organizations[J]. American Economic Review, 1997, (87):333-338.

[274] 孙铮,刘凤委,李增泉.市场化程度、政府干预与企业债务期限结构——来自
我国上市公司的经验证据[J].经济研究,2005(5):52-63.

[275] 曲进,高升好.银行与企业关联提升抑或降低了企业投资效率? [J].数量经
济技术经济研究,2015,32(1):36-51.

[276] 邓建平、陈爱华、饶妙.金融关联与高管薪酬业绩敏感性——基于我国民营企
业的实证研究[J].财贸研究,2018,29(10):98-110.

[277] 吕长江,赵宇恒.国有企业管理者激励效应研究——基于管理者权力的解释
[J].管理世界,2008(11):99-109＋188.

[278] 权小锋,吴世农,文芳.管理层权力、私有收益与薪酬操纵[J].经济研究,
2010,45(11):73-87.

[279] BEBCHUK L A, FRIED J M, WALKER D I. Managerial power and rent
extraction in the design of executive compensation[J]. University of
Chicago Law Review, 2002, 69(3):751-846.

[280] 谢平,陆磊.金融腐败:非规范融资行为的交易特征和体制动因[J].经济研
究,2003(6):3-13,93.

[281] 吴秋生,黄贤环.财务公司的职能配置与集团成员上市公司融资约束缓解
[J].中国工业经济,2017(9):156-173.

[282] 鲁桐,党印.投资者保护、创新投入与企业价值[J].金融评论,2012,4(5):
15-33,122.

[283] 陆正飞,何捷,窦欢.谁更过度负债:国有还是非国有企业?[J].经济研究,2015,50(12):54-67.

[284] 姜付秀,朱冰,王运通.国有企业的经理激励契约更不看重绩效吗?[J].管理世界,2014(9):143-159.

[285] 郝云宏,任国良.监事会特征对上市公司高管变更影响的实证研究[J].财经论丛,2010(4):87-92.

[286] DONALDSON L, DAVIS J H. Stewardship theory or agency theory:CEO governance and shareholder returns[J]. Australian Journal of Management, 1991, 16(1):49-64.

[291] FLANNERY M J, RANGAN K P. Partial adjustment toward target capital structures [J]. 2006, 79(3):469-506.

[292] 朱雁春,苏文兵,王亚星.货币政策、企业资本结构变动及经济后果——基于三大货币政策区间的探讨[J].山西财经大学学报,2015,37(3):34-47.

[293] 解宏爽,杨忠海,孙慧玲.货币政策、会计信息可比性与资本结构动态调整[J].当代会计评论,2017,10(02):111-131.

[294] PFEFFER J, SALANCIK G R. The external control of organizations:a resource dependence perspective[M]. New York:Harper and Row, 1978.

[295] FAMA E F. What's different about banks? [J]. Journal of Monetary Economics, 1985, 15:29-39.

[296] ZAHRA S A. Boards of directors and corporate financial performance:a review and integrative model[J]. Journal of Management, 1989, 15(2):291-334.

[297] DEWATRIPONT M, TIROLE J. A theory of debt and equity:diversity of securities and manager-shareholder congruence[J]. The Quarterly Journal of Economics, 1994, 109(4):1027-1054.

[298] BERGLOF E, GÉRARD ROLAND. Soft budget constraints and banking in transition economies[J]. Social Science Electronic Publishing, 1998, 26(1):18-40.

后　记

　　本书由我的博士论文修改而成，在其出版之际，不由想起博士求学生涯的种种经历，感慨万千。

　　本书得以顺利出版，首先要感谢的是我的导师吴秋生教授。我进入山西财经大学读会计学硕士研究生时，未曾想到最后会以博士研究生的身份毕业，这一切都源于吴秋生老师对我学术生涯的启蒙、指导和引领。依稀记得初入财大时，我被吴老师渊博的学识和平易近人的态度深深吸引，坚定地选择吴老师为我的导师。由于跨专业考研，会计学对于我而言是一个全新的领域，我从未接触过相关理论研究，是吴老师为我打开了科研世界的大门。硕士开学的那个冬季，吴老师在群里发消息"有想做科研、写论文的同学可以来找我"，对科研不甚了解的我很希望能够快速入门，在忐忑中与吴老师进行了简短的交谈，也拿到了人生中第一个会计学论文题目。我很兴奋，也很迷茫，在手足无措中开始了文献整理、数据搜集和论文写作，但是数月之后，数据结果的不如人意使第一篇论文就此夭折，我也错过了当年学院的学术论文比赛，我经历了科研带来的第一次打击。没想到的是，吴老师还继续给我研究题目，接下来的 1 年内，我对学术论文、计量软件和论文写作有了更深的认识，终于在第二年的学术论文比赛中按时提交了我的作品，意料之外的是我取得了当年比赛的第一名。这个结果促使我鼓起勇气向吴老师讲出长久以来想要读博的心愿，随后便开始参与激烈的博士生名额竞争。也是在那一段焦灼的时光里，在吴老师的指引下，我开始逐步了解学术论文的范式、期刊投稿的流程、涉猎更复杂的计量方法，终于在 2018 年的 9 月以博士生的身份继续在山财开启博士阶段的学习。不同于硕士阶段，我的博士阶段的精力基本全部贡献于科研，尽管一切处于未知状态，但得益于吴老师对我的步步规划，我能够有条不紊地完成学校的各项科研要求，尽管总有心态崩坍的时刻，最后吴老师的支持都让我重返自信。艰辛的 3 年博士求学生涯，也是我与吴老师紧密相处的 3 年，很多珍贵的画面，时常想起、时常感动。不论严寒酷暑，我总是雷打不动地奋斗在办公室，无数次节假日在办公室改论文时，吴老师都是认真严谨、字斟句酌。不便当面交流时，微信也是重要的讨论工具,我们之间切实实现了科研零距离、沟通高效率。在一次次的交流中,我时常惊叹于吴老师独特的选题思路,深刻的研究视角,自愧于自身研究能力的不足,又窃喜于得到如此宝贵的学习机会。也是在此过程中,吴老师对我付出极大的耐心,包容我的孩子气,尊重我不成熟的想法,为我的不良情绪制造缓冲期。在我论文投稿受挫时,吴老师总是及时开解我,安慰我,为我提供表现机会,保护我的科研热情。在我因为选题焦头烂额时,吴老师仍然坚持不懈地帮我找寻新的研究机会,推动我开始新的课题,在我因为毕业论文的写作紧张焦虑时,吴老师时刻关心着我的进度,使我平稳心态……很多很多的付出,我都铭记在心,是吴老师对我的"不抛弃、不放弃"促使我坚持了下来。于我而言,吴老师不仅仅是学术导师,促使我养成了良好的科研习惯,见识到了广阔的科研平台,接触到珍贵的学术资源,他更是漫漫人生中提点我的贵人,是他教会我社会的处事规则,提醒我人生路途的规划方向,他是我坚实的学术后盾。

本书得以完成也离不开我的师母杨瑞平教授。枯燥的学习生涯,因为我的"开心果"师母杨老师而增添了一抹亮色。杨老师性格开朗,伶俐有趣,她总能为身边的人带来正能量。在校期间的一些节假日,杨老师会亲自下厨,邀请我们这些在校的博士生去家里品尝,为我们改善伙食,使我们感受到家的温暖。求学期间,杨老师无微不至的关怀和照顾为我带来了别样的慰藉,她像是慈爱的母亲般可以依靠,正是她点点滴滴的关心,使我能够快速走出糟糕情绪的阴霾,重新投入到科研中去。

本书得以出版,离不开身边小伙伴的"助攻"。在毕业论文的开题及撰写过程中,师门的全部兄弟姐妹,杨鹏师兄、上官泽明师兄、黄贤环师兄、王少华师姐、田峰师兄、郭檬楠师兄、倪静洁师姐、独正元师弟、李官辉老师、郭飞师弟及董屹宇师姐、宋璐师姐、任灿灿师姐,还有马文琪师妹都为我提供了宝贵的建议和资料。我与毕业进程一致的倪静洁师姐、宋璐师姐和任灿灿师姐间经常互通有无,彼此相互鼓励、支持、打气,倪静洁师姐经常在我灰心丧气的时刻陪我聊天,给予我坚持下去的力量,照顾我这个住校生的生活,宋璐师姐在我焦虑不安的时刻给我宽慰。与我一级的李校红老师、杜丽贞老师、闫翠苹老师和高蕾老师,帮助我完成课业任务。与他们之间互相学习进步,为我写成本书奠定了基础。同样要感谢我的舍友——统计学博士陈星霖,她与我朝夕相处,并肩作战。我深夜被热水壶烫到时,是她把我扶出卫生间;陷入负面情绪时,是她耐心地听我倾诉;生活需要帮助时,是她及时伸出了援手。感谢她陪伴的每个时刻,消解了我学习期间的孤单,为我的生活铺满阳光。还要感谢我的博士同学胡中立博士、郝淑玲博士、武翰章博士等,在毕业的路途中,我们携手共进,是他们给我的帮助和鼓励,促使我顺利完成本书的写作。

本书的顺利出版也离不开校内外专家学者的支持与鼓励。会计学院有着浓厚的科研氛围。求学期间,资深学者郭泽光教授、李端生教授、田祥宇教授和袁春生教授帮助我奠定了坚实的理论基础,李颖老师、王晓亮老师、贺亚楠老师、郝盼盼老师和赵毅老师为我的论文架构和实证设计提出了宝贵的修改建议。此外,非常感谢博士毕业论文预答辩和答辩过程中,孙宝厚研究员、程新生教授、蒋尧明教授和郑国洪教授等专家对我论文提出的宝贵建议,使我领略到了大家风范,汲取到了更多的学术养分。

本书得以顺利出版,还要感谢我的家人和朋友的支持。我的父母,也是我最可靠忠诚的朋友,尊重我的每个喜好,支持我从小到大的每个决定,让我自己把握人生的方向,不论是跨专业读研还是读博,从未给我任何限制,只给我满满的鼓励,为我的每个关键抉择添砖加瓦,全力付出,关心我的生活和学习,给我最温暖厚实的陪伴,成为我最坚强的后盾。我的朋友们,经常充当我的情绪垃圾桶,给我最朴素简单的关心,点醒处于迷雾中的我,帮助我走出困境,是他们陪伴我度过了每一个难关。

同时,本书的顺利写作与出版是我个人珍贵的成长经历。回望过去,我从一个怯生生的女孩,历经科研途中的艰难险阻,不断"升级打怪",逐渐练就强大的内心,平衡科研与生活,能够淡然地面对坎坎坷坷,体验到了独特的成长经历,日后想起这一漫长的求学生涯,必定能够无愧于自己的青春。

最后,感谢立信出版社方士华和孙勇老师对本书的细心编辑以及出版社其他工作人员在本书出版过程中所给予的帮助和辛苦付出!由于个人能力和时间的限制,本书可能存在一些不足,欢迎也希望各位同行专家、读者批评指正!

山西财经大学会计学院　　王婉婷

2022 年 10 月